本书的出版得到

国家重点文物保护专项补助经费资助

本书为江苏地域文明探源工程

"汉代郡国城址和陵墓研究"课题阶段性重要成果

大云山

西汉江都王陵祔葬墓发掘报告

南京博物院
江苏省文物考古研究院　编著
淮安市文物保护和考古研究所
盱眙县文化广电和旅游局

主　编：陈　刚
副主编：杨汝钰　杨广帅　李则斌

文物出版社
北京·2025

图书在版编目（CIP）数据

大云山：西汉江都王陵祔葬墓发掘报告 / 南京博物
院等编著. -- 北京：文物出版社, 2025. 1. -- ISBN
978-7-5010-8460-9

Ⅰ. K878.85

中国国家版本馆CIP数据核字第2024VQ9920号

大云山——西汉江都王陵祔葬墓发掘报告

编　　著：南京博物院
　　　　　江苏省文物考古研究院
　　　　　淮安市文物保护和考古研究所
　　　　　盱眙县文化广电和旅游局

封面题签：顾　风

责任编辑：蔡　敏　张庆玲
责任印制：张　丽

出版发行：文物出版社
社　　址：北京市东城区东直门内北小街2号楼
邮　　编：100007
网　　址：http://www.wenwu.com
邮　　箱：wenwu1957@126.com
经　　销：新华书店
印　　刷：天津裕同印刷有限公司
开　　本：889mm×1194mm　1/16
印　　张：23.5
版　　次：2025年1月第1版
印　　次：2025年1月第1次印刷
书　　号：ISBN 978-7-5010- 8460- 9
定　　价：490.00元

EXCAVATION REPORT ON THE ATTENDANT TOMBS OF JIANGDU KING OF THE WESTERN HAN PERIOD AT DAYUNSHAN

by

Nanjing Museum

and

Jiangsu Provincial Institute of Cultural Relics and Archaeology

Huai'an Municipal Institute of Cultural Relics Preservation and Archaeology

Xuyi County Bureau of Culture, Broadcast, Television and Tourism

EDITOR-IN-CHIEF: CHEN Gang

DEPUTY EDITOR-IN-CHIEFS: YANG Ruyu, YANG Guangshuai, LI Zebin

Cultural Relics Press

Beijing · 2025

考古发掘与报告编纂人员

考古领队：李则斌

考古发掘：李则斌　盛之翰　陈　刚　胡　兵　张春鹏　程　浩　祁小东
　　　　　王会锋　齐　军　刘显谋　王军来　刘福刚　白　记　刘　斌
　　　　　陈伊鹤　吴　伟

报告整理：杨汝钰　王　栋　冯薪羽　李则斌　邬　俊　张　蕾　杨广帅
　　　　　左　骏　齐　军　田长有　强明中　余　伟　李　军　王会锋
　　　　　白　记　吴　伟　谭　勇　金　山　杨　烁　任海默　王子涵
　　　　　陈　刚

执　　笔：第一章　王　栋（盱眙大云山汉王陵文物保护管理所）
　　　　　　　　　赵李博（淮安市文物保护和考古研究所）
　　　　　　　　　李则斌（江苏省文物考古研究院）
　　　　　第二章　杨汝钰（江苏省文物考古研究院）
　　　　　　　　　陈　刚（江苏省文物考古研究院）
　　　　　　　　　谭　勇（盱眙县森林管理中心）
　　　　　第三章　张春鹏（盱眙县博物馆）
　　　　　　　　　张　蕾（南京博物院）
　　　　　　　　　杨广帅（江苏省文物考古研究院）
　　　　　第四章　胡　兵（淮安市文物保护和考古研究所）
　　　　　　　　　程　浩（盱眙县博物馆）
　　　　　　　　　祁小东（淮安市文物保护和考古研究所）

目　录

插 图 目 录

彩 图 目 录

彩 版 目 录

第一章　概述

第一节　江都王陵袝葬墓的发现与发掘

大云山今隶属于江苏省盱眙县马坝镇东阳社区云山村（图一；彩版一）。

大云山山顶区域发生盗墓案件后，在江苏省文物局统一协调下，由南京博物院、盱眙县博物馆组成联合调查工作队，对大云山进行了全面的考古调查与勘探。2009 年 1 月至 2 月间的初步调查成果显示，大云山山顶区域存在较大规模的汉代高等级墓葬。

由于这一地区的山体受开山采石破坏严重，墓葬区现场保护的条件并不具备，报经国家文物局批准，联合考古队对大云山汉墓进行了抢救性考古发掘。

考古发掘从 2009 年一直延续到 2012 年。这期间，来自南京博物院、淮安市博物馆、盱眙县博物馆、中国社会科学院考古研究所、南京大学等单位的研究人员对王陵进行了细致发掘与研究，相关遗迹清理时间与详细发掘人员信息可参见《大云山——西汉江都王陵 1 号墓发掘报告》[1]。

2009 年 9 月至 12 月间，陵园所有袝葬墓（共计 11 座）在勘探过程中相继被发现，其中 3 号墓至 6 号墓在 2009 年 9 月至 10 月完成发掘。9 号墓、10 号墓和 8 号坑及 9 号坑在 2011 年 3 月至 6 月间完成发掘。11 号墓至 15 号墓在 2011 年 7 月至 9 月间完成发掘（图二；彩版二～一〇）。各遗迹单位的发掘时间与负责人为：

3 号墓（M3）为 2009 年 9 月至 10 月发掘，现场负责人为胡兵（淮安市文物保护和考古研究所）、祁小东（淮安市文物保护和考古研究所）。

---

[1]南京博物院、盱眙县文化广电和旅游局：《江都王陵的发现与发掘》，《大云山——西汉江都王陵 1 号墓发掘报告（一）》，文物出版社，2020 年，第 8~12 页。

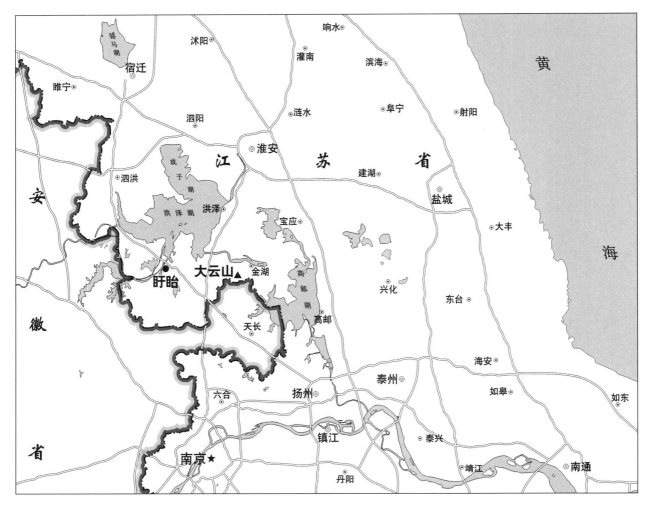

图一　大云山江都王陵位置图

　　4 号墓（M4）为 2009 年 9 月至 10 月发掘，现场负责人为祁小东（淮安市文物保护和考古研究所）。

　　5 号墓（M5）为 2009 年 9 月至 10 月发掘，现场负责人为程浩（盱眙县博物馆）、祁小东（淮安市文物保护和考古研究所）。

　　6 号墓（M6）为 2009 年 9 月至 10 月发掘，现场负责人为张春鹏（盱眙县博物馆）、程浩（盱眙县博物馆）。

　　9 号墓（M9）为 2011 年 3 月至 6 月发掘，现场负责人为李则斌（江苏省文物考古研究院）、王会锋（南京博物院）。

　　10 号墓（M10）为 2011 年 3 月至 6 月发掘，现场负责人为李则斌（江苏省文物考古研究院）、刘显谋（陕西省考古技术人员）。

　　陪葬坑（K8）为 2011 年 3 月至 6 月发掘，现场负责人为陈刚（江苏省文物考古研究院）、刘福刚（陕西省考古技术人员）。

　　陪葬坑（K9）为 2011 年 3 月至 6 月发掘，现场负责人为陈刚（江苏省文物考古研究院）、

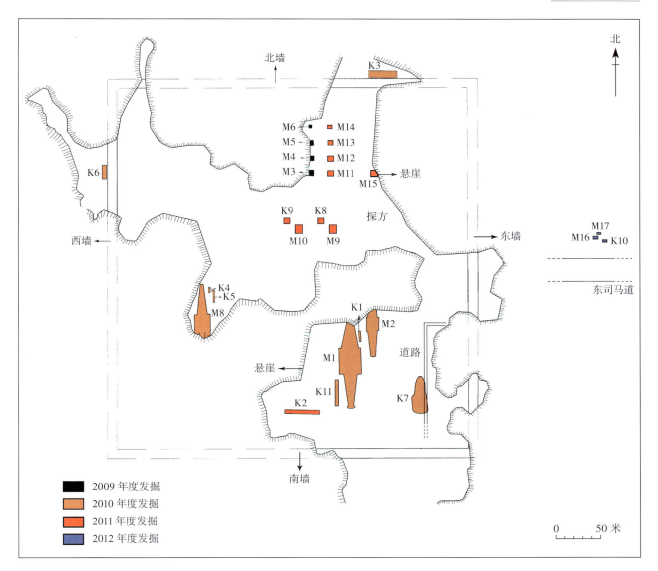

图二 大云山江都王陵平面示意图

王军来（陕西省考古技术人员）。

11号墓（M11）为2011年7月至9月发掘，现场负责人为李则斌（江苏省文物考古研究院）、王会锋（南京博物院）。

12号墓（M12）为2011年7月至9月发掘，现场负责人为李则斌（江苏省文物考古研究院）、刘斌（南京大学考古专业2009级硕士研究生）。

13号墓（M13）为2011年7月至9月发掘，现场负责人为陈刚（江苏省文物考古研究院）、陈伊鹤（Sweet Briar College Archaeology Major 2009级本科生）。

14号墓（M14）为2011年7月至9月发掘，现场负责人为陈刚（江苏省文物考古研究院）、吴伟（故宫博物院、南京大学考古专业2010级硕士研究生）。

15号墓（M15）为2011年7月发掘，现场负责人为李则斌（江苏省文物考古研究院）、刘显谋（陕西省考古技术人员）。

发掘情况表明，M9、M10 两座祔葬墓位于陵园内中部，形制最大，且均有陪葬坑，两墓的规模与体量基本相同。M3 至 M6、M11 至 M15 共九座墓葬则集中分布于陵园内北部。九座墓葬排列有序，布局规整，体量与形制规模由南向北依距离 1 号墓封土的远近而依次降低。

第二节　江都王陵祔葬墓出土资料的整理

2010 年度发掘工作结束后，研究人员便迅速开始整理王陵的出土资料。由于先期主要是优先整理 1 号墓中难以保存的漆木器，因此祔葬墓资料的整理工作直到 2014 年 8 月才开始进行，涉及的工作共分为两个阶段。

第一阶段为 2014 年 8 月至 2016 年 12 月。整理团队对所有祔葬墓出土遗迹进行了梳理，对所有出土文物进行修复、绘图、文字描述、器物摄影等工作。整理工作的具体负责人为陈刚，参与整理人员有左骏、邬俊、张蕾、强明中、余伟、李军、齐军、王会锋、田长有、白继、吴伟、张今、董浩晖、王霄凡、周庭熙，此阶段的工作地点在南京博物院句容江南考古工作站和盱眙县博物馆。

第二阶段为 2019 年 2 月至 2023 年 12 月。整理团队对祔葬墓报告资料进行文本汇总，主要工作为校对报告文字、核定图文照片等工作，主要参与人员有杨汝钰、杨广帅、冯薪羽、田长有，此阶段的工作地点在南京博物院句容江南考古工作站。

第二章　祔葬墓

第一节　3 号墓

一　封土与墓葬结构

M3 位于陵园内北部，与 M4 至 M6 呈南北向排列，在前述墓葬的最南端。由于近年开始的采石施工对 M3 封土所在区域地表杂土进行推平处理，因此在对 M3 进行考古发掘前，该墓地表封土已基本不存，在清理过程中，已经无法判断封土下是否有石块堆积遗迹（图二；彩版七）。

墓葬为长方形竖穴岩坑墓，墓坑开口于①层表土下，打破基岩。墓葬西侧坑边因采石破坏严重而基本不存。

墓坑开口长 5.8、残宽 4.09 米，墓坑底长 5.16、残宽 3.71 米，墓坑深 3.66 米，方向 2°（图三；彩版一一）。清理墓坑过程中发现的残存填土堆积表明，墓坑早年即遭严重盗扰，填土盗扰迹象严重，层次不明。坑内棺椁痕迹全无，未见遗物，仅在填土内发现少量绳纹瓦片。

二　出土遗物

该墓早期盗扰严重，残存墓坑内未出土遗物。

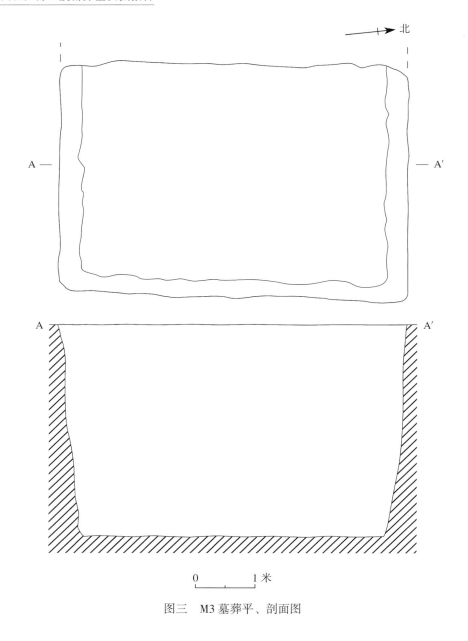

图三 M3 墓葬平、剖面图

第二节 4 号墓

一 封土与墓葬结构

M4 位于陵园内北部，在 M3 与 M5 之间，与 M3、M5、M6 组成一列由南向北依次排列。在近年来的采石过程中，施工方对 M4 封土所在区域地表杂土进行推平处理，因此在对 M4 进行考古发掘前，该墓地表封土基本不存，已经无法判断封土下是否有石块堆积遗迹（图二；彩版七）。

墓葬为长方形竖穴岩坑墓，墓坑开口于①层表土下，打破基岩。墓葬西侧坑边因采石破坏严重而基本不存。

墓坑开口长 6.44、残宽 4.4 米，墓底长 6.2、残宽 4.25 米，墓坑深 4.16 米，方向 2°　（图四；

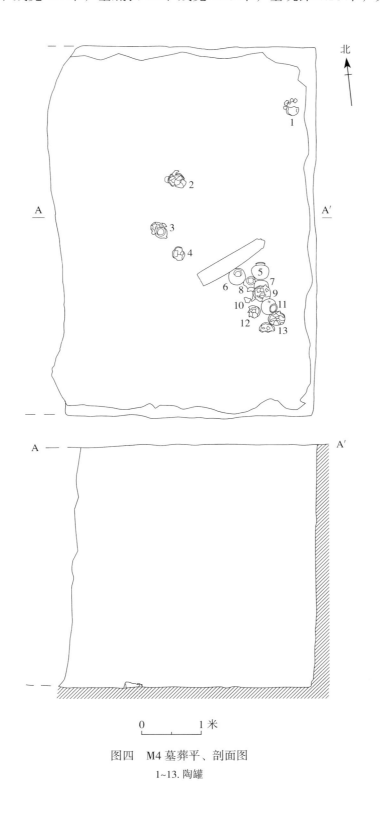

0　　　　1 米

图四　M4 墓葬平、剖面图

1~13. 陶罐

彩版一二）。清理过程表明，该墓早期即被严重盗扰，坑内填土已层次不明，坑内棺椁痕迹也基本被破坏，棺椁形制与尺寸均不明。

二 出土遗物

尽管墓葬破坏严重，但墓坑填土内仍出土了一些遗物。遗物的出土状态与出土位置表明，墓葬被盗，原有棺椁内残余的随葬品被盗墓者随意丢弃于墓坑盗洞内，故所有遗物的出土位置皆非原始随葬之处（彩版一三）。

该墓共出土遗物13件，均为灰陶罐。

均为泥质灰陶，形制相近。侈口，束颈，弧腹。器表皆饰绳纹，器形不甚规整，部分器物烧制变形严重。

M4：1，尖唇，卷沿内凹，圆肩，平底内凹。肩部饰两牛鼻耳，颈部以下饰一圈绳纹，下腹近底处饰绳纹。口径14.4、底径10.1、高23.8厘米（图五，1；彩版一四，1）。

M4：2，尖唇，卷沿内凹，圆肩，平底。肩部饰两牛鼻耳，颈部以下饰一圈绳纹，腹部饰瓦

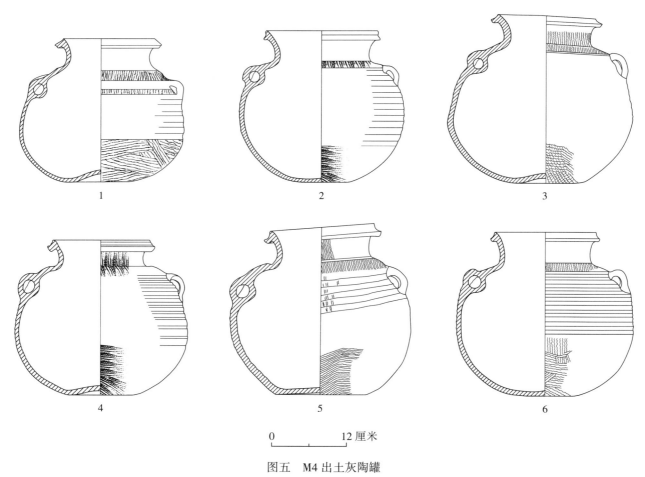

1 2 3

4 5 6

0　　　　　12厘米

图五 M4出土灰陶罐

1. M4：1 2. M4：2 3. M4：3 4. M4：4 5. M4：5 6. M4：6

棱纹，下腹近底处饰绳纹。口径 17.6、底径 7.4、高 25.2 厘米（图五，2；彩版一四，2）。

M4 ： 3，尖唇，卷沿内凹，圆肩，平底内凹。肩部饰两牛鼻耳，颈部及肩部各饰一圈绳纹，下腹近底处饰绳纹。口径 15.5、底径 10.1、高 27.7 厘米（图五，3；彩版一四，3）。

M4 ： 4，尖唇，卷沿内凹，鼓肩，平底内凹。肩部饰两牛鼻耳，颈部及肩部各饰一圈绳纹，腹部饰瓦棱纹，下腹近底处饰绳纹。口径 15.3、底径 10.4、高 25.2 厘米（图五，4；彩版一四，4）。

M4 ： 5，尖圆唇，卷沿内凹，圆肩，平底内凹。肩部饰两牛鼻耳，颈部及肩部各饰一圈绳纹，下腹近底处饰绳纹。口径 16.4、底径 14.2、高 27.4 厘米（图五，5；彩版一五，1）。

M4 ： 6，尖唇，卷沿内凹，圆肩，平底。肩部饰两牛鼻耳，颈部以下饰一圈绳纹，腹部饰瓦棱纹，下腹近底处饰绳纹。口径 16.1、底径 7.6、高 26.6 厘米（图五，6；彩版一五，2）。

M4 ： 7，尖唇，卷沿内凹，鼓肩，平底。肩部饰两牛鼻耳，颈部及肩部各饰一圈绳纹，腹部饰瓦棱纹，下腹近底处饰绳纹。口径 14.2、底径 7.4、高 23.3 厘米（图六，1；彩版一五，3）。

M4 ： 8，尖圆唇，卷沿内凹，鼓肩，平底。肩部饰两牛鼻耳，颈部及肩部各饰一圈绳纹，下腹近底处饰绳纹。口径 17.8、底径 8.9、高 25 厘米（图六，2；彩版一五，4）。

M4 ： 9，方唇，圆肩，平底内凹。肩部饰两牛鼻耳，颈部及肩部各饰一圈绳纹，腹部饰瓦棱纹，下腹近底处饰绳纹。口径 15、底径 8.3、高 27.2 厘米（图六，3；彩版一六，1）。

M4 ： 10，圆唇，卷沿内凹，鼓肩，平底。肩部饰两牛鼻耳，颈部及肩部各饰一圈绳纹，下腹近底处饰绳纹。口径 15.5、底径 8、高 28.2 厘米（图六，4；彩版一六，2）。

M4 ： 11，尖唇，卷沿内凹，圆肩，平底。肩部饰两牛鼻耳，颈部以下饰一圈绳纹，下腹近底处饰绳纹。口径 14.8、底径 8.8、高 24.9 厘米（图六，5；彩版一六，3）。

M4 ： 12，圆唇，卷沿内凹，圆肩，圜底。肩部饰两牛鼻耳，颈部及肩部各饰一圈绳纹，腹部饰瓦棱纹，下腹近底处饰绳纹。口径 14.1、高 27.6 厘米（图六，6；彩版一六，4）。

M4 ： 13，尖唇，卷沿内凹，弧肩，平底内凹。肩部饰两牛鼻耳，颈部以下饰一圈绳纹，腹部饰瓦棱纹，下腹近底处饰绳纹。口径 14.5、底径 9.4、高 24.8 厘米（图六，7；彩版一六，5）。

第三节　5 号墓

一　封土与墓葬结构

M5 位于陵园内北部，在 M4 与 M6 之间，与 M3、M4、M6 组成一列由南向北依次排列。在近年来的采石过程中，施工方对 M5 封土所在区域地表杂土进行推平处理，因此在对 M5 进行考古发掘前，该墓地表封土已基本不存，无法判断封土下是否有石块堆积遗迹（图二；彩版七）。

墓葬为长方形竖穴岩坑墓，墓坑开口于①层表土下，打破基岩。墓葬西侧坑边因采石破坏严重而基本不存。

墓坑开口长 6.7、残宽 4.7 米，底长 5.9、残宽 4.2 米，墓坑深 2.9 米，方向 2°（图七；彩版

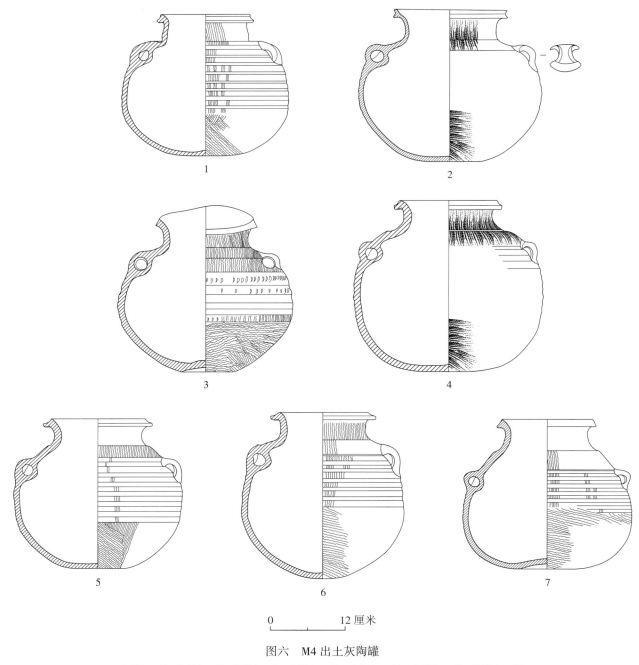

图六　M4 出土灰陶罐

1. M4：7　2. M4：8　3. M4：9　4. M4：10　5. M4：11　6. M4：12　7. M4：13

一七）。通过清理发现，墓坑早年即被严重盗扰，坑内填土层次不明。坑内棺椁痕迹被全部破坏，未见遗物，仅在被盗扰的填土内发现少量绳纹瓦片。

二　出土遗物

墓葬早期盗扰严重，残存墓坑内未出土遗物。

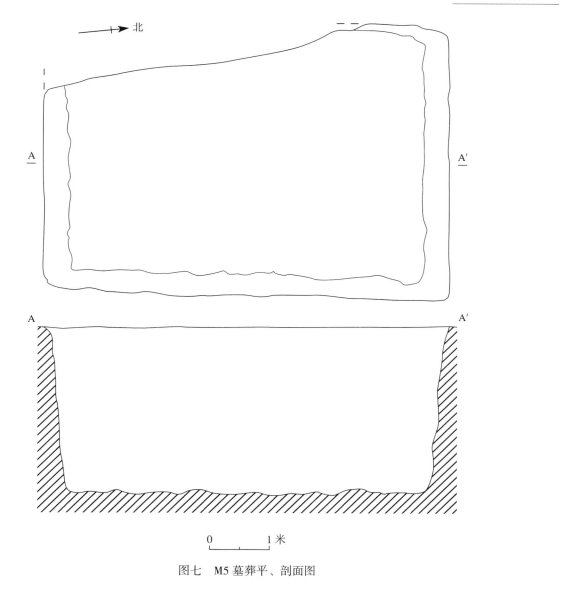

图七　M5 墓葬平、剖面图

第四节　6 号墓

一　封土与墓葬结构

M6 位于陵园内北部，在此列墓葬的最北端，与 M3 至 M5 组成一列由南向北依次排列（图二；彩版七）。

在近年开始的采石过程中，施工方对 M6 封土所在区域地表杂土进行推平处理，因此在对 M6 进行考古发掘前，该墓留存于地表封土的覆斗形外貌极不明显。后续在清理墓坑开口过程中，于距离墓坑开口北壁和东壁外侧 2 至 3 米处，发现尚留有小范围石块堆积遗迹，结合 M12、

M13 封土下石块遗迹保留现状得知，M6 封土底部原先当亦平铺一层石块堆积。尽管发掘时，该石块堆积遗迹已被严重损毁，但作为封土底部北边和东边边界的石块范围尚保存完整（彩版一八，1）。

墓葬为长方形竖穴岩坑墓，墓坑开口于①层表土下。墓坑整体打破基岩，西壁被当地村民采石破坏，大部分壁面已不存。墓葬开口长 5.6、残宽 3.8 米，底长 4.4、残宽 3.6 米，墓坑深 2.7 米，方向 2°（图八）。尽管墓室西壁已被破坏，但椁室区域未经盗扰，形制结构清晰明确。

墓葬填土为五花土，夯层明显，解剖填土可知填土内夯土层平均厚约 0.1 米。墓坑坑壁制作不甚规整，由上至下大体呈斜收分状（彩版一八，2）。

棺椁结构为一棺一椁两边箱。尽管木质葬具已基本朽尽，但朽痕清晰，棺椁尺寸大体完整。椁室南北长 3、东西宽 3.1、高 0.8 米。椁室内由两块南北向挡板隔为东、西边箱和中室三部分（彩版一九，1、2；二〇，1）。

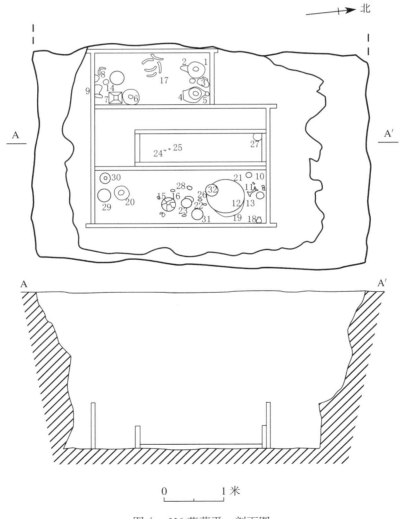

图八　M6 墓葬平、剖面图

1、8、10、14、18.釉陶罐　2、3.铁器　4.铁釜　5.铁灶　6.釉陶瓿　7.铜钫　9.铜鋆　11.铁灯　12、19.铜盆　13.铜盘　15、16、23、26~28.铜镜　17.铜钱　20.漆奁　21.铜勺　22.铜衔环　24.玉带钩　25.玉琀　29~32.漆盘

东边箱长 3、宽 1 米，出土铜盆、铁灯及各类漆器等遗物。西边箱长 2.1、宽 0.9 米，出土铜钫、铁釜、铁灶、铜钱、陶罐等遗物。棺位于木椁中室偏北，中室长 3、宽 1.1 米，棺长 2.2、宽 0.7、残高 0.4 米。从现场残留遗迹可知，M6 漆棺外髹黑漆，内髹朱漆。棺室内人骨基本朽尽，出土玉琀、铜镜等遗物（彩版二〇，2；二一，1、2）。

二　出土遗物

M6 椁室形制保存完整，随葬品未遭盗扰，共出土各类遗物 32 件（组），包括铜器、铁器、漆器、玉器、陶器。

（一）铜器

14 件（组）。器形有钫、盆、盘、鍪、勺、衔环、镜、半两钱。

1. 钫

1 件。出土于西边箱南部。

M6：7，侈口，平沿，沿下起棱，束颈，溜肩，近底部外撇成圈足。肩两侧各饰一铺首衔环。肩部刻有一处铭文，字体不明。口径 12、底径 14.6、高 39.4 厘米（图九，1；彩版二二，1、2）。

2. 盆

2 件。出土于东边箱北部。两件的形制、尺寸均有差异。敞口，宽平斜沿，平底微内凹。

M6：12，弧腹。口径 38.9、底径 16、高 10.2 厘米（图九，6；彩版二三，1）。

M6：19，深弧腹。上腹部有两处铭文，一处为"容五斗重九斤四两"，另一处字迹不明。口径 40.4、底径 20.1、高 13.1 厘米（图九，5；彩版二四，1、2）。

3. 盘

1 件。出土于东边箱北部。

M6：13，残损严重，尚可复原。敞口，宽平斜沿，折弧腹，圜底。口沿正面刻有铭文，内容为"……廿一斤三两……"。口径 68.1、高 13 厘米（图九，7；彩版二三，2）。

4. 鍪

1 件。出土于西边箱南部。

M6：9，侈口，圆唇，束颈，溜肩，鼓腹，圜底。肩部两侧各饰一鍪耳，一侧鍪耳外饰叶脉纹。出土时，该器腹身内三分之二空间被兽骨填充，兽骨保存较完整。整器口径 18.1、高 22.8 厘米（图九，4；彩版二五，1、2）。

5. 勺

1 件。出土于东边箱北部。

M6：21，勺首部平面呈椭圆形，圜底，长柄向上一面呈凹半圆形，柄末端扁平呈卷形，上刻有一处铭文。勺宽 7.8、连柄通长 23.5 厘米（图九，3；彩版二五，3）。

6. 衔环

1 件。出土于东边箱中部。

M6：22，为漆器构件。圆环直径 2.4、厚 0.35 厘米。一侧插构件长 3.85 厘米（图九，2）。

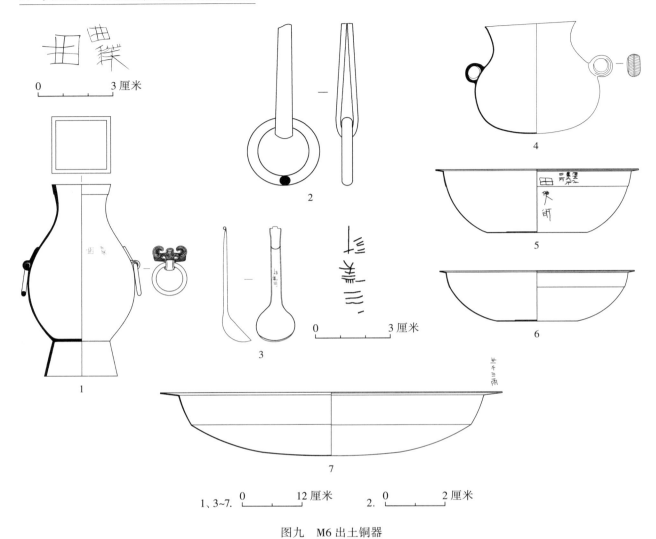

图九　M6 出土铜器

1. 钫（M6：7）　　2. 衔环（M6：22）　　3. 勺（M6：21）　　4. 鋻（M6：9）　　5、6. 盆（M6：19、M6：12）　　7. 盘（M6：13）

7. 镜

6 件。皆为蟠螭纹镜。圆形，纹样、尺寸各有不同。除 M6：27 出土于棺内北部外，其余皆出土于东边箱中部。

M6：15，三弦纽，圆形纽座。座外饰短斜线纹及凹面圈带各一周，其外饰两周短斜线纹。四株三叠状花瓣纹分饰四区，其间饰蟠螭纹。宽素缘，缘边上卷。镜面平直。镜面直径 20.8、纽高 0.8、纽宽 1.7、肉厚 0.3 厘米（图一〇；彩版二六，1、2）。

M6：16，兽形纽，圆形纽座。座内饰蟠螭纹。座外饰一周铭文，且以鱼纹为句首尾间隔。其外饰两周短斜线纹。四株三叠状花瓣纹分饰四区，其间所饰蟠螭纹为四组主纹，以涡纹及三角云雷纹为地纹。铭文为"大乐贵富，得所喜，千秋万岁，宜酒食"。宽素缘，缘边上卷。镜面平直。镜面直径 14.2、纽高 0.5、纽宽 1.2、肉厚 0.1 厘米（图一一；彩版二七，1、2）。

M6：23，兽形纽，方形纽座。座内饰蟠螭纹。座外饰一周双线方格纹，间饰铭文，且以鱼纹为句首尾间隔。其外饰博局纹，将空间分为四区，四组蟠螭纹分列其中。铭文为"大乐贵富，

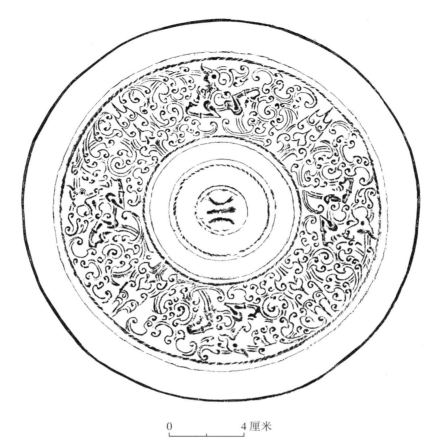

0　　　4厘米

图一〇　M6 出土铜镜（M6 ： 15）拓本

0　　　4厘米

图一一　M6 出土铜镜（M6 ： 16）拓本

得所喜，千秋万岁，宜酒食"。宽素缘，缘边上卷。镜面平直。镜面直径10.2、纽高0.4、纽宽1.2、肉厚0.13厘米（图一二，1；彩版二八，1～3）。

M6：26，兽形纽，圆形纽座。座内饰蟠螭纹。座外饰一周铭文，且以鱼纹为句首尾间隔。其外四株三叠状花瓣纹分饰四区，其间所饰蟠螭纹为四组主纹。铭文为"大乐贵富，千秋万岁，宜酒食"。宽素缘，缘边上卷。镜面平直。镜面直径13.3、纽高0.4、纽宽1.1、肉厚0.2厘米（图一三；彩版二九，1、2）。

M6：27，三弦纽，圆形纽座。座外饰地纹及凹面圈带各一周，地纹由涡纹及三角云雷纹组成。其外饰两周短斜线纹。三株三叠状花瓣纹分饰三区，其间饰蟠螭纹。宽素缘，缘边上卷。镜面平直。镜面直径9.4、纽高0.4、纽宽1、肉厚0.18厘米（图一二，2；彩版三〇，1、2）。

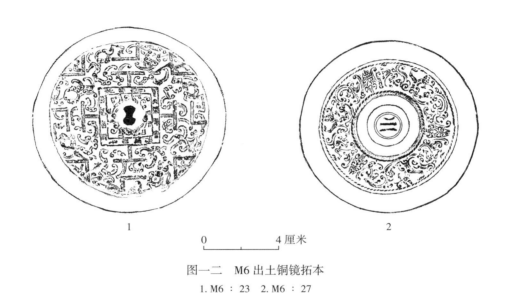

1   0 _____ 4厘米   2

图一二　M6出土铜镜拓本
1. M6：23　2. M6：27

0 _____ 4厘米

图一三　M6出土铜镜（M6：26）拓本

0 _____ 4 厘米

图一四　M6 出土铜镜（M6∶28）拓本

M6∶28，兽形纽，圆形纽座。座内饰蟠螭纹。座外饰一周铭文，且以鱼纹为句首尾间隔，铭文间以涡纹及三角云雷纹为地纹。其外饰两周短斜线纹。四株三叠状花瓣纹分饰四区，其间所饰蟠螭纹为四组主纹，以涡纹及三角云雷纹为地纹。铭文为"大乐贵富，千秋万岁，宜酒食"。宽素缘，缘边上卷。镜面平直。镜面直径 15.8、纽高 0.5、纽宽 1.4、肉厚 0.2 厘米（图一四；彩版三一，1 ～ 3）。

8. 半两钱

1 组。数量较大，约 1000 枚，集中出土于西边箱中部。清理时，铜钱皆呈串状放置，钱穿内麻绳痕迹清晰。

M6∶17，钱径 2.3、穿 1 厘米（图一五；彩版二五，4 ～ 6）。

（二）铁器

5 件。有釜、灶、灯。

1. 釜

1 件。出土于西边箱北部，放置于铁灶之上。

M6∶4，整器锈蚀严重，无法绘图复原，形制尺寸不明。

2. 灶

1 件。出土于西边箱北部。

M6∶5，整器锈蚀严重，无法绘图复原。残高 40 厘米。

3. 灯

1 件。出土于东边箱北部。

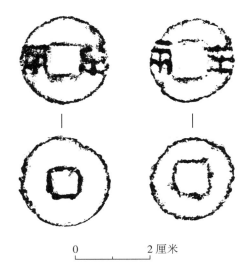

0　　　　　2 厘米

图一五　M6 出土铜钱（M6：17）拓本

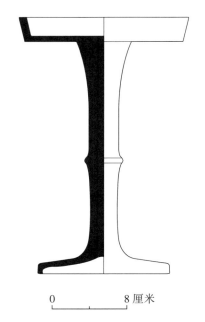

0　　　　　8 厘米

图一六　M6 出土铁灯（M6：11）

　　M6：11，豆形灯。圆盘，直壁，长筒形柄身，喇叭状底座。柄身中部饰一道箍状纹。灯盘径 18、盘深 2.6、底径 14、通高 28.2 厘米（图一六）。

　　4. 残器

　　2 件。出土于西边箱北部，与釜、灶相邻。

　　M6：2、M6：3，皆锈蚀严重，器形、尺寸不明。

　　（三）漆器

　　5 件。漆器整体保存较差，可辨器形仅存盘、奁。

1. 盘

4 件。出土于东边箱中部与南部。皆保存较差，器表均髹黑漆，具体纹饰、尺寸不明。

M6：29～M6：32 共 4 件，皆仅存漆皮，胎质皆不明。复原口径均约为 22 厘米。

2. 奁

1 组 3 件。出土于东边箱南部。夹纻胎，仅存器底。

M6：20-1，马蹄形。盖顶饰两道出筋。正面通髹黑漆。盖顶外腹壁髹黑漆，素面。盖顶反面中心髹黑漆，余髹朱漆。内腹壁近口沿处髹黑漆，余髹朱漆。器身外壁与外底通髹黑漆，素面。内壁近口沿处及底中心髹黑漆，余髹朱漆。盖长 10.2、宽 7.4、高 4.1 厘米，器身长 9.2、宽 6.7、高 3.4 厘米（彩图一；彩版三二，1）。

M6：20-2，圆形。器身上部残。盖顶饰两道出筋，正面通髹黑漆。盖顶外腹壁髹黑漆，素面。盖顶反面中心髹黑漆，余髹朱漆。内腹壁近口沿处髹黑漆，余髹朱漆。器身外壁与外底通髹黑漆，素面。内壁近口沿处及底中心髹黑漆，余髹朱漆。器底针刻铭文"粉符菁文一十年中郎屯伏阳工青造"。盖径 9.4、盖高 4.7、器身径 9、器身残高 3.4 厘米（彩图二；彩版三二，2、3）。

M6：20-3，椭圆形。仅存器身。外壁与外底通髹黑漆，素面。内壁近口沿处及底中心髹黑漆，余髹朱漆。器底针刻铭文"粉符菁文一十年中郎屯伏阳工青造"。长径 9.2、短径 4.9、高 3.2 厘米（彩图三；彩版三三，1、2）。

（四）玉器

2 件。均出土于棺内南部。为带钩、琀。

1. 带钩

1 件。

M6：24，凤鸟形，钩首为简化鸟首，通体素面。长 2.6、宽 0.6、高 2.4 厘米（图一七，1；彩版三三，3）。

2. 琀

1 件。

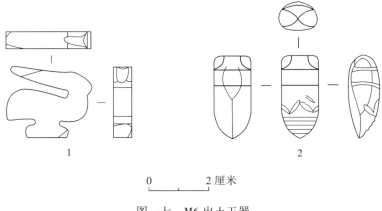

图一七 M6 出土玉器
1. 带钩（M6：24） 2. 琀（M6：25）

　　M6：25，蝉形。刀法简练，器背纹饰明显。长 2.8、宽 1.2、高 1 厘米（图一七，2；彩版三三，4）。

　　（五）陶器

　　6 件。为瓿、罐。皆为釉陶。

　　1. 瓿

　　1 件。

　　M6：6，出土于西边箱南部。侈口，圆唇，溜肩，弧腹渐收，平底内凹。肩两侧饰一对兽面耳并饰凹弦纹与水波纹各二道。口径 9.6、底径 14.6、高 18.4 厘米（图一八，1；彩版三四，1）。

　　2. 罐

　　5 件。形制相似，唯尺寸各有不同。

　　M6：1，出土于西边箱北部。侈口，圆唇，沿面外弧，束颈，鼓肩，下腹斜收，平底内凹。口径 9.8、底径 12.3、高 21.6 厘米（图一八，2；彩版三四，2）。

　　M6：8，出土于西边箱南部。侈口，尖圆唇，沿面外弧，束颈，鼓肩，下腹斜收，平底内凹。口径 6.9、底径 9.3、高 12.7 厘米（图一八，3；彩版三五，1）。

　　M6：10，出土于东边箱北部。侈口，圆唇，斜弧沿，直颈，鼓肩，下腹斜收，平底。口径 6.5、底径 7.1、高 12.8 厘米（图一八，4；彩版三五，2）。

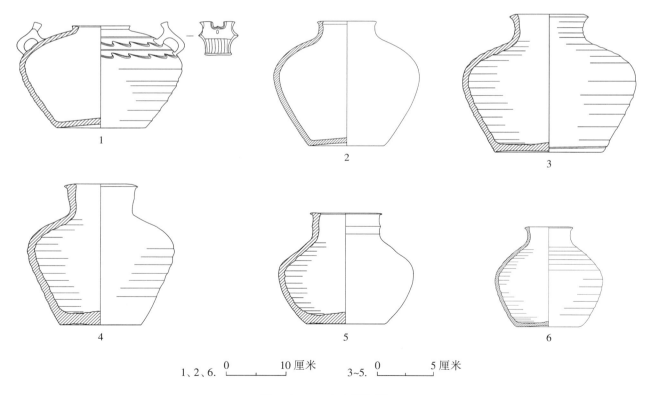

1　2　3

4　5　6

1、2、6. ├─────┤ 0　　　10 厘米　　　3~5. ├─────┤ 0　　　5 厘米

图一八　M6 出土釉陶器

1. 瓿（M6：6）　2~6. 罐（M6：1、M6：8、M6：10、M6：14、M6：18）

M6：14，出土于西边箱南部。侈口，圆唇，直颈，斜肩，鼓腹，下腹弧收，平底。口径 6.3、底径 6.9、高 10.1 厘米（图一八，5；彩版三五，3）。

M6：18，出土于东边箱北部。侈口，圆唇，直颈，鼓肩，下腹斜收，平底内凹。口径 8、底径 10.3、高 17 厘米（图一八，6；彩版三五，4）。

第五节　9 号墓

一　封土与墓葬结构

M9 为陵园内规模最大的两座祔葬墓之一，位于陵园中部。发掘前 M9 地表尚留存有少量封土。对封土的整体揭露表明，M9 封土之下叠压有与封土相关的石块堆积遗迹。该遗迹普遍分布于 M9 封土底部，平面近似方形，方向 2°，南北长 22.6、东西宽 21.6 米。遗迹四周以石块垒砌一圈，南边中部留一南北向通道与墓坑相连，通道残长 2.6、宽 6 米。石块遗迹西北区域被一长方形陪葬坑（编号 K8）打破（图一九；彩版八、九；彩版三六，1）。

清理封土过程显示，封土下的石块堆积遗迹的人工处理过程极为明显，大部分石块为人工挑选且排列齐整，尤其是保存较好的封土底部西侧石块堆积，石块外侧面放置得整齐划一，其形成的直线与封土底径外侧边缘线相互重合。显然，在封土营造者心目中，石块堆积的外侧面即为封土底部边缘线。

M9 为长方形竖穴岩坑墓，墓室位于封土底平面中心，开口平面呈长方形，南北长 6.9、东西宽 5.4、深 5.3 米，方向 2°。墓坑填土为五花土，夯层明显，每层厚约 0.1 米。自开口以下 2.4 米处填有上、下两层相邻积石。积石块均为不规则形，平铺于夯土层之上。由上至下第一层积石体型略小，直径 50 ～ 100 厘米，每块重约 1 吨。第二层积石体型较大，每块积石直径 60 ～ 150 厘米，每块重约 2 吨（图二〇、二一；彩版三六，2；彩版三七、三八）。

对填土的解剖表明，M9 墓室在早期即遭盗扰，盗洞穿过上、下两层积石层直接进入棺室，棺室内随葬品遭受盗扰（图二二）。

M9 葬具为一棺一椁。椁室位于墓坑底部正中，木质结构均已朽，仅存痕迹。椁室南北长 4.1、东西宽 2.6 米，高度不明。棺室位于椁室正中，四周以隔板分为北、东、南、西四边箱。漆棺木质结构均朽，唯外侧漆皮尚存，南北长 2.4、东西宽 1.1 米（图二三；彩版三九，1、2）。

尽管漆棺遭遇盗扰，但仍出土了金腰带、金带钩等精美文物。北边箱东西长 2.6、南北宽 0.6 米，箱内未遭盗扰，出土鼎、盒、壶、瓿等各类陶器。东边箱南北长 2.7、东西宽 0.6 米，箱内遭盗扰，出土各类漆器及灰陶罐等。南边箱东西长 2.6、南北宽 0.5 米，箱内未遭盗扰，出土耳杯、奁等漆器。西边箱尺寸与东边箱相同，未遭盗扰，出土大量半两铜钱与灰陶罐等（图二三；彩版三九，2；彩版四〇 ～ 四二）。

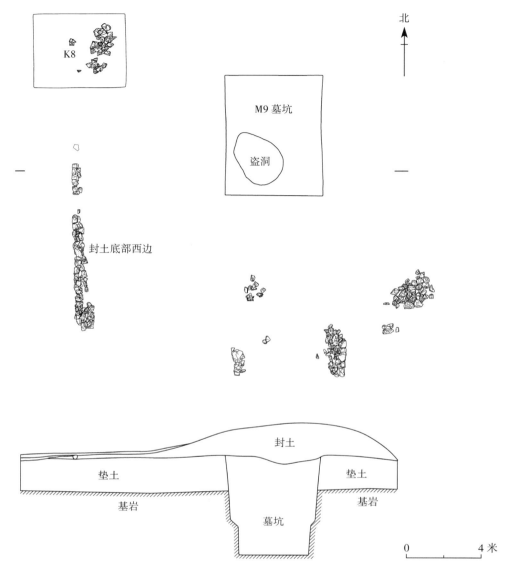

图一九　M9封土下遗迹平、剖面图

二　出土遗物

M9尽管遭遇早期盗扰，但仍出土各类遗物128件（组），包括铜器、铁器、金器、玉器、琉璃器、漆器、陶器。

（一）铜器

30件（组）。器形有盘、甑、釫镂、缶、熏、弩机、剑、镞、环、铺首、镜、刷、刷柄、钱。

1. 盘

2件。形制相同。

M9：51，出土于西边箱北端。残损严重，尚可复原。敞口，宽平沿，折弧腹，圈底。口径

北

0 _____ 1米

图二〇　M9墓坑填土第一层积石平面图

69、高13.5厘米（图二四，1）。

　　M9：75，出土于南边箱西部。残损严重，尺寸不明。宽沿，沿面残存两处铭文，一处为"容二斗五升，重四斤十一"，另一处为"六升四斤四两"（图二四，2）。

　　2.甑

　　2件。形制相近。

　　M9：53，出土于西边箱北端。残损严重，尚可复原。敞口，宽斜沿，口沿下两侧各饰一铺首衔环，弧腹，平底微凹，底部分布有箅孔，圈足外撇。口径30、底径13、高13.1厘米（图二五，1）。

　　M9：52，残损严重，尺寸不明。

　　3.鋗镂

　　1件。

北↑

0　　　　　1 米

图二一　M9 墓坑填土第二层积石平面图

M9 ：81，出土于南边箱中部。盖子口，盖面圆弧，顶端有一圆环悬纽。器身母口，束颈，溜肩，鼓腹，圜底，肩两侧各有一錾，整体呈錾形。提梁作弓形，两端为龙首状，龙口衔链环与肩部錾孔相套接。器身口径 9.6、高 12.4 厘米，带提梁通高 17.9 厘米（图二五，2；彩版四三，1 ）。

4.缶

1 件。

M9 ：57，出土于西边箱北部。盘口，圆唇，束颈，溜肩，鼓腹，平底。通体素面。器身有铭文"容四斗一升十八斤八两"。口径 14.2、底径 12、高 24.7 厘米（图二五，3、4；彩版四三，2 ）。

5.熏

2 件。

M9 ：87，出土于南边箱中部。球面形盖，盖母口，顶部有纽，纽口沿作葵口。器身豆形，子口，上腹部两侧各饰一铺首衔环，鼓腹弧收。喇叭形实心底座，圈足。底部有铭文"□容三升半升□

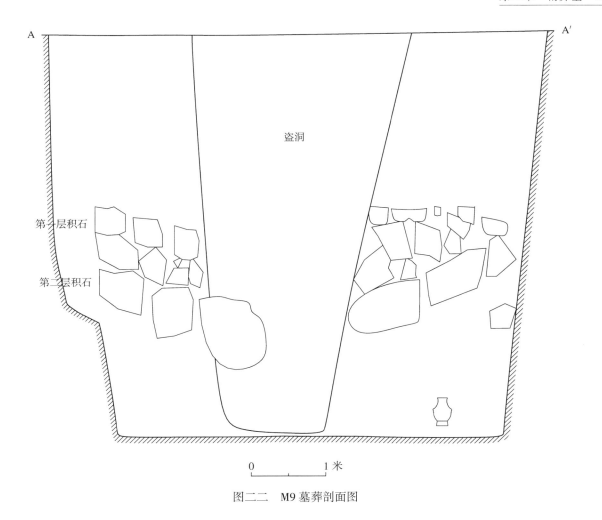

A — A′

盗洞

第一层积石

第二层积石

0   1 米

图二二 M9墓葬剖面图

三斤十两"。 盖径12、纽径4.2厘米，器身口径11、底径9.5、高13.6厘米，合盖通高18.8厘米（图二六，1）。

M9：89，出土于东边箱中部。球面形盖，盖母口，顶部有纽，纽口沿作葵口。器身豆形，子口，腹部两侧各饰一圆纽，鼓腹弧收。喇叭形底座，中空，圈足。底部有铭文"容三升二斤四两十二朱第□"。盖径13.6、纽径4.2厘米，器身口径12.1、底径7.3、高13厘米，合盖通高18.2厘米（图二六，2）。

6. 弩机

1件。

M9：55，出土于西边箱北部。由郭、望山、钩心、悬刀、键组合而成，制作工整。长13、高12厘米（图二七，1；彩版四三，3）。

7. 剑

1件。

M9D1：1，出土于盗洞内。仅存剑锋部分。剑锋中部起脊，双面饰双鱼纹，纹样精美。残长8.7、残宽4.8厘米（图二七，4；彩版四三，4）。

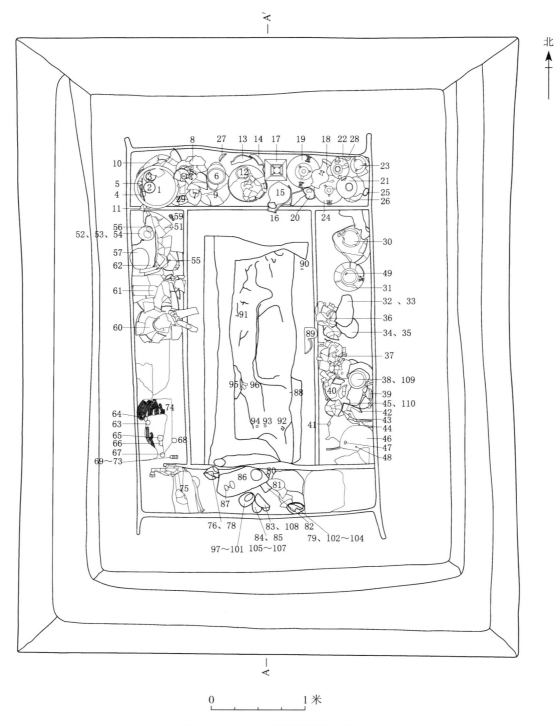

图二三　M9 出土遗物平面分布图

1. 釉陶盆　2、3. 釉陶卮　4、5、43、44. 釉陶勺　6. 釉陶熏　7、9、10、12、27、29、30、56. 彩绘灰陶罐　8、18. 釉陶壶
11、20~22. 釉陶瓿　13、14. 釉陶匜　15、25、26、28、42、58. 釉陶罐　16、17. 釉陶钫　19、23、24、31. 釉陶锺　32~35、46. 漆器
36~38、109. 釉陶鼎　39、40、45、110. 釉陶盒　41、47. 铜铺首　48. 铜环　49. 玉佩饰　50、76-6、76-7. 铜刷　51、75. 铜盘
52、53. 铜甑　54. 铜器　55. 铜弩机　57. 铜缶　59. 铜镞　60、61. 釉陶瓮　62、72、76、78. 漆奁　63~71、73. 陶饼金　74. 铜钱
76-1~76-4. 铜镜　76-5. 铜刷柄　77. 铁削　79、82、83、102~104、108. 漆卮　80. 骨角器　81. 铜𨨛镂　84、85、97~101、105~107.
漆耳杯　86. 漆盘　87、89. 铜熏　88. 金箔饰　90、91. 金带钩　92. 玉环　93、94. 玉眼罩　95. 铁削　96. 金腰带

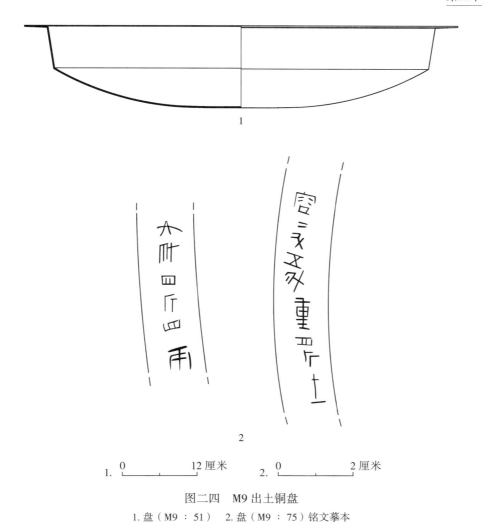

图二四　M9 出土铜盘

1. 盘（M9：51）　2. 盘（M9：75）铭文摹本

8. 镞

1 组 27 件。均出土于西边箱北端。分两型。

A 型　16 件。镞身三棱形，向前聚合成锋，前锋尖锐。关断面呈六边形，底端有一圆銎以接铁铤。

M9：59-1，长 3.2 厘米（图二七，2；彩版四四，1、2）。

M9：59-2，长 3.2 厘米（彩版四四，2）。

M9：59-3 ~ M9：59-16 共 14 件，形制、尺寸与 M9：59-1、M9：59-2 相同（彩版四四，2）。

B 型　11 件。

M9：59-17，镞身三翼式，前锋尖锐，后端呈倒刺形。关断面为圆柱形，底端有一圆銎以接铁铤，铤大部残损。长 4.2 厘米（图二七，3；彩版四四，3、4）。

M9：59-18 ~ M9：59-27 共 10 件，形制、尺寸与 M9：59-17 相同（彩版四四，4）。

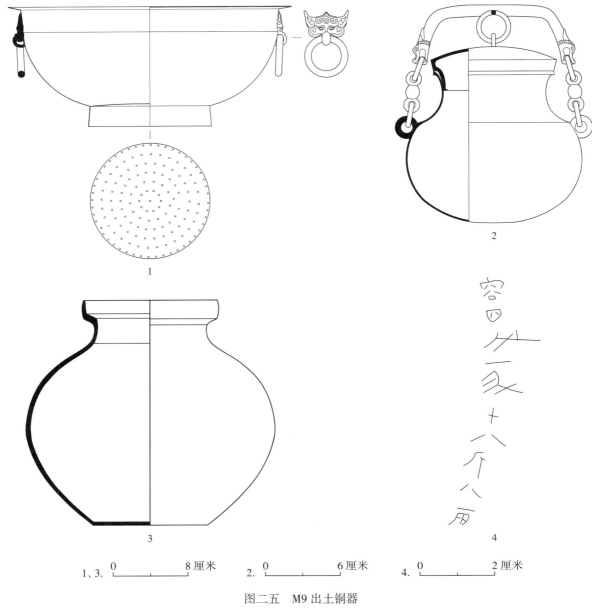

图二五　M9 出土铜器

1.甑（M9：53）　2.鈷镂（M9：81）　3.缶（M9：57）　4.缶（M9：57）铭文摹本

9. 环

2 件。

M9：48，出土于东边箱南部。与一圆柱形铜构件组成衔环。外径 3、内径 1.9、厚 0.6 厘米（图二八，3；彩版四四，5）。

M9D1：2，出土于盗洞内。残损尚可复原。外径 2.9、内径 2、厚 0.4 厘米（图二八，4）。

10. 铺首

2 件。形制相同。均出土于东边箱南端。兽面形，双角内凹，双面怒睁，鼻梁中凸，下端做钩状。环断面呈圆形。

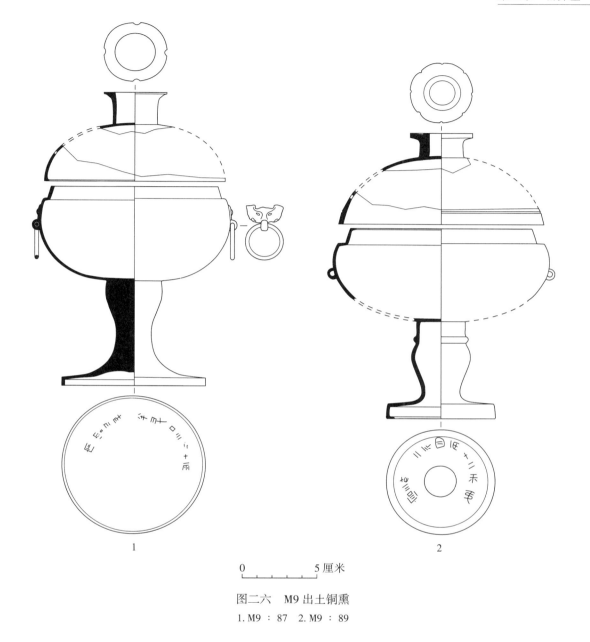

0   5 厘米

图二六 M9 出土铜熏
1. M9：87 2. M9：89

    M9：41，长 9.1、宽 8.3、环径 8.8 厘米（图二八，1；彩版四四，6）。

    M9：47，长 9.1、宽 8.3、环径 8.8 厘米（图二八，2；彩版四四，7）。

    11. 镜

    6 件。

    M9：76-1，出土于南边箱西部漆奁内。蟠螭纹镜。圆形，纽部残缺，圆形纽座。座外饰两周短斜线纹，间饰涡纹与云雷纹组合，其外饰一周凹面圈带。其外再饰两周短斜线纹，其间以四株三叠状花瓣纹分饰四区，间饰四组蟠螭纹。宽素缘，缘边上卷。镜面平直。直径 21.6、纽宽 1.6、缘厚 0.37 厘米（图二九，1；彩版四五，1、2）。

    M9：76-2，出土于南边箱西部漆奁内。蟠螭纹镜。圆形，三弦纽，圆形纽座。座外饰涡纹

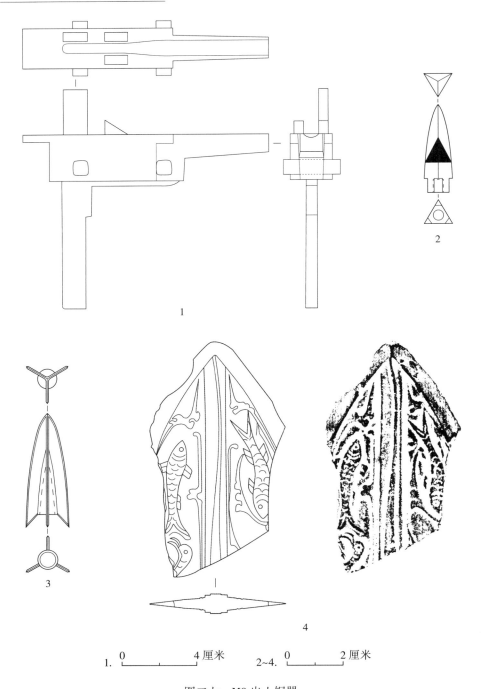

图二七 M9 出土铜器

1. 弩机（M9：55） 2. A 型镞（M9：59-1） 3. B 型镞（M9：59-17） 4. 剑（M9D1：1）及拓本

与云雷纹组合及凹面圈带各一周。其外饰两周波折纹，其间以四株三叠状花瓣纹分饰四区，以蟠螭纹为主纹，以涡纹及三角云雷纹为地纹。宽素缘，缘边上卷。镜面平直。直径 14.3、纽高 0.5、纽宽 1.4、缘厚 0.21 厘米（图二九，2；彩版四六，1～3）。

M9：76-3，出土于南边箱西部漆奁内。蟠螭纹镜。圆形，纽部残缺，圆形纽座。座外饰涡纹与三角云雷纹组合及凹面圈带各一周。其外以三变形柿蒂纹纽座乳丁分饰三区，其间以蟠螭纹

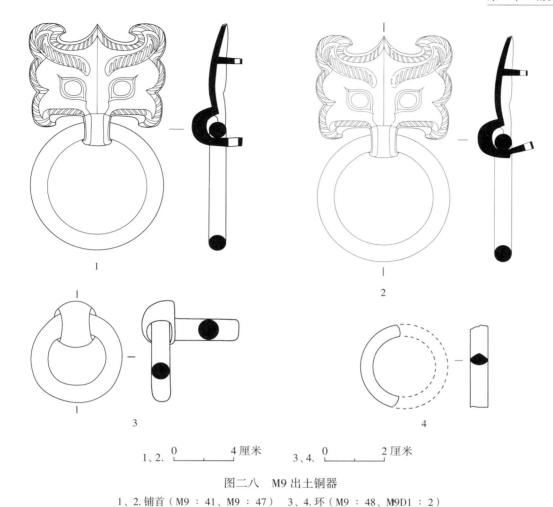

1、2. ┣0━━━━━4厘米┫   3、4. ┣0━━━━2厘米┫

图二八　M9 出土铜器

1、2. 铺首（M9：41、M9：47）　3、4. 环（M9：48、M9D1：2）

为三组主纹，以涡纹及三角云雷纹为地纹。内向十八连弧纹缘。镜面平直。直径 12、纽宽 1.2、缘厚 0.22 厘米（图三〇，1；彩版四七，1、2）。

　　M9：76-4，出土于南边箱西部漆奁内。云雷纹镜。圆形，三弦纽，圆形纽座。座外饰一周凹面圈带，外饰四乳丁，其间饰云雷纹。宽素缘，缘边上卷。镜面平直。直径 4.1、纽高 0.3、纽宽 0.6、缘厚 0.2 厘米（图三〇，2；彩版四八，1）。

　　M9D1：3，出土于盗洞内，残损严重。蟠螭纹镜。圆形纽座。座外饰短斜线纹及凹面圈带各一周，其外饰两周短斜线纹。其间以蟠螭纹为主纹，以涡纹及三角云雷纹为地纹。宽素缘，缘边上卷。镜面平直。缘厚 0.2 厘米。

　　M9D1：8，出土于盗洞内，残损严重。蟠螭纹镜。圆形纽座。座外饰短斜线纹及凹面圈带各一周，其外饰两周短斜线纹。其间以蟠螭纹为主纹，以涡纹及三角云雷纹为地纹。宽素缘，缘边上卷。镜面平直。缘厚 0.21 厘米。

　　12. 刷

　　4 件。依形制差异，分二型。

　　A 型　2 件。均出土于南边箱西部漆奁内。

1

2

0   4厘米

图二九　M9 出土铜镜拓本
1. M9：76-1　2. M9：76-2

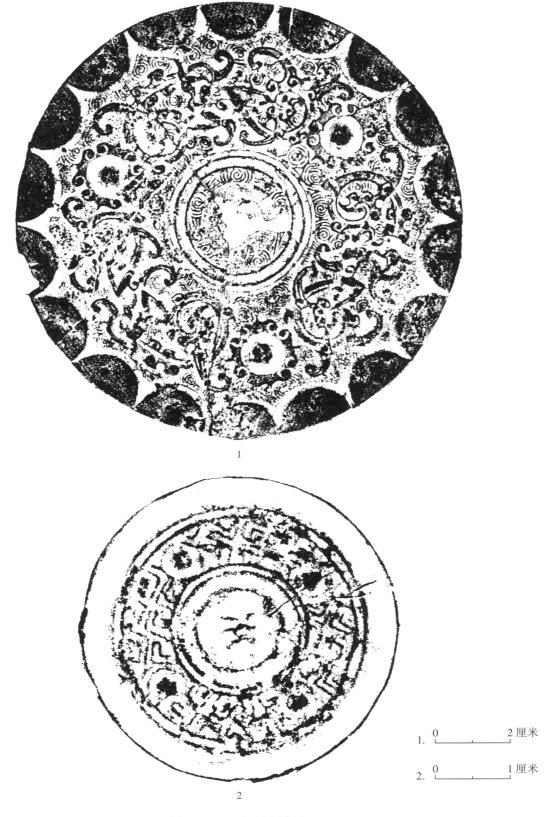

1

2

1. 0 _____ 2厘米

2. 0 _____ 1厘米

图三〇　M9 出土铜镜拓本
1. M9：76-3　2. M9：76-4

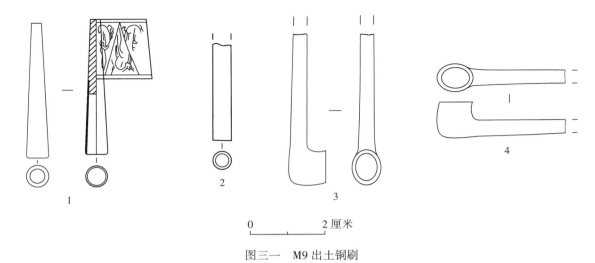

0 _____ 2 厘米

图三一 M9 出土铜刷

1、2. A 型（M9：76-6、M9：76-7） 3、4. B 型（M9：50、M9D1：6）

M9：76-6，"一"字形，刷毛已朽。圆柱形柄，柄端作圆形銎。通长 3.7、銎径 0.6 厘米（图三一，1；彩版四八，2）。

M9：76-7，残长 2.7、銎径 0.5 厘米（图三一，2）。

B 型 2 件。

M9：50，出土于东边箱北部。烟斗形，刷毛已朽，顶部残缺。柄端上翘作圆形銎。残长 4.1、銎径 1 厘米（图三一，3）。

M9D1：6，出土于盗洞内。残长 3.4、銎径 1 厘米（图三一，4）。

13. 刷柄

3 件。形制相同。

M9：76-5，出土于南边箱西部漆奁内。圆柱形，木质刷柄，两端有铜套，一端有一凸纽，柄身由上至下逐渐变粗，下端作圆銎。柄中部饰一周云气纹。通长 3.7、銎径 1.2 厘米（图三二，1；彩版四八，3）。

M9D1：4，出土于盗洞内。圆柱形，木质刷柄，一端铜套有一凸纽，柄身由上至下逐渐变粗，下端残。残长 2.9、直径 1.1 厘米（图三二，2）。

M9D1：5，出土于盗洞内。圆柱形，木质刷柄，两端有铜套，一端有一凸纽，柄身由上至下逐渐变粗，下端作圆銎。长 3.7、銎径 1.2 厘米（图三二，3）。

14. 钱

1 组。出土于西边箱南端。共计 100 余枚，大多锈蚀严重。清理时，铜钱皆呈串状放置，钱穿内麻绳痕迹清晰。

M9：74，钱径 2.3、穿径 1 厘米（图三三）。

15. 残器

1 件。

M9：54，出土于西边箱北端。残损严重，器形不明。

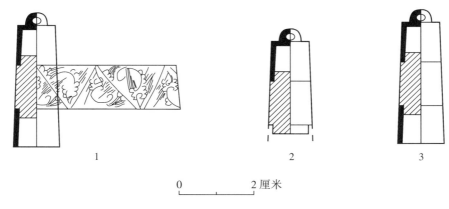

0   2厘米

图三二　M9出土铜刷柄

1. M9：76-5　2. M9D1：4　3. M9D1：5

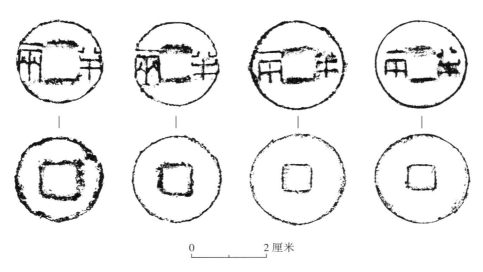

0   2厘米

图三三　M9出土铜钱（M9：74）

（二）铁器

2件。皆为削。

M9：95，出土于棺内中部西侧。漆鞘制作精良，保存完整。鞘为夹纻胎，髹黑漆，正面镶嵌圆形绿松石及云母石饰片，周边随意撒嵌绿松石及云母石碎屑，装饰考究。削身铁质，背面扁平，柄部环首。鞘长22.6、宽1.6厘米，削身通长24.4、宽1.2厘米（图三四，1；彩图四；彩版四八，4）。

M9D1：9，出土于盗洞内。仅存削身，残损严重。长条形。残长7.8、宽1.8厘米（图三四，2）。

M9：77，残损严重，仅能辨识器形，无法复原。

（三）金器

5件（组）。为腰带、带钩、箔饰。

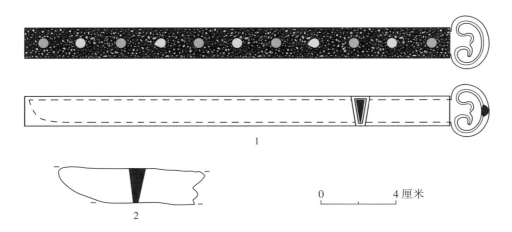

图三四 M9 出土铁削
1. M9：95 2. M9D1：9

1.腰带

1组。出土于棺内中部西侧。

M9：96，由两块带板、一枚扣舌、若干泡饰及琉璃饰组成。由于棺内早期遭遇盗扰，腰带正面泡饰原装饰方式不明（彩版四九，1）。

（1）带板

2件。形制、尺寸基本相同。长方形，模铸而成，主体纹饰为一龙噬二龟，边框饰麦穗纹。背面中部有两长方形穿孔。

M9：96-1，长8.8、宽4.5、厚0.35厘米（图三五；彩图五；彩版五〇，1、2）。

M9：96-2，长8.8、宽4.5、厚0.35厘米（图三六；彩图六；彩版五〇，3、4）。

（2）扣舌

1件。

M9：96-3，细长瘦腰形，下部垂尖，上部带一圆形穿孔。长2.85、宽0.48厘米（图三七，1）。

（3）泡饰

38件。依形制差异，分三型。

A型 1组5件。尺寸相同。

M9：96-4，内部有一长条形横穿。直径1、高0.51厘米（图三七，4；彩版四九，2）。

B型 1组6件。尺寸相同。

M9：96-5，顶部饰一圈细绞丝纹，内部有一圆穿。直径0.95、高0.46厘米（图三七，5；彩版四九，2）。

C型 1组27件。尺寸相同。

M9：96-6，内部有一圆穿。直径0.7、高0.37厘米（图三七，6；彩版四九，2）。

（4）琉璃管饰

1组。

M9：96-7，详细描述见琉璃器部分（彩版五〇，5）。

0 ＿＿＿＿ 2厘米

图三五　M9 出土金带板（M9 ： 96-1）及拓本

0 ____ 2厘米

图三六　M9 出土金带板（M9 ∶ 96-2）及拓本

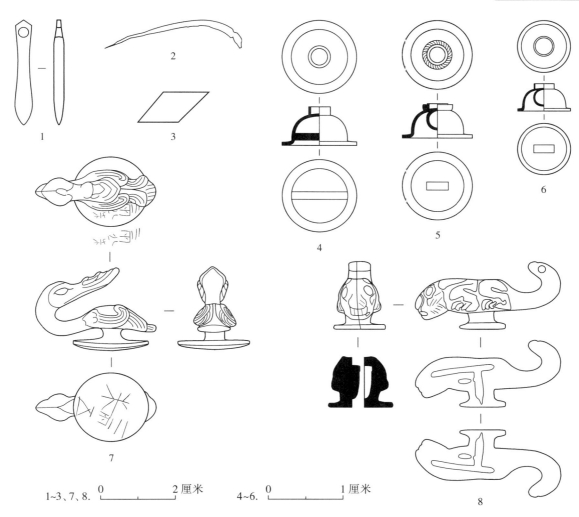

图三七　M9 出土金器

1.扣舌（M9：96-3）　2、3.箔饰（M9：88、M9D1：10）　4.A 型泡饰（M9：96-4）　5.B 型泡饰（M9：96-5）
6.C 型泡饰（M9：96-6）　7、8.带钩（M9：90、M9：91）

2. 带钩

2 件。形制不同。

M9：90，出土于棺内东北角。雁形。雁首向后作钩，腹下有一圆纽。圆纽正反两面皆刻有铭文，正面铭文为"二两八朱"，反面铭文为"二两五朱"。长 3.2、高 2.3 厘米（图三七，7；彩版五一，1、2）。

M9：91，出土于棺内北部西侧。兔形。兔尾向后作钩，腹下有一圆纽。钩体左右可以分开，中间以暗卯相合，设计精巧。长 3.8、高 1.8 厘米（图三七，8；彩版五一，3、4）。

3. 箔饰

2 件。

M9：88，出土于棺内南部东侧。细长条形，一端弯曲，一端尖首。长 3.6 厘米（图三七，2；彩版五一，5）。

M9D1：10，出土于盗洞内。近菱形。长 1.2、宽 1 厘米（图三七，3；彩版五一，6）。

（四）漆器

27 件。器形有耳杯、奁、卮、盘、残器。

1. 耳杯

10 件。出土于南边箱中部。依形制差异，分二型。

A 型   5 件。

M9 ： 84，夹纻胎。椭圆形口，耳缘上翘，弧腹，平底。内外通髹黑漆，耳面针刻弦纹，内壁口沿下针刻两道弦纹，内底中心针刻云气纹。外壁素面。口长 17.8、连耳宽 14.8、底长 9.8、底宽 5.1、高 4.4 厘米（彩图七）。

M9 ： 85、M9 ： 105 ～ M9 ： 107 共 4 件，形制、尺寸、纹饰与 M9 ： 84 相同。

B 型   5 件。

M9 ： 97，夹纻胎。椭圆形口，耳缘上翘，弧腹，平底，银扣耳。内壁通髹黑漆，素面。内底髹朱漆。外壁口沿下针刻三道弦纹，腹部针刻云气纹。口长 14、连耳宽 10.9、底长 7.9、底宽 4.1、高 3.1 厘米（彩图八）。

M9 ： 98 ～ M9 ： 101 共 4 件，形制、尺寸、纹饰与 M9 ： 97 相同。

2. 奁

4 件。形制、尺寸基本相近。

M9 ： 78，出土于南边箱西部。夹纻胎。盖顶正面通髹黑漆，以三道出筋分隔出四圈纹饰。顶心素面。由内至外第一圈针刻三道弦纹，第二、三道弦纹间夹饰菱形填线纹组合。第二圈纹饰针刻四道弦纹，由内至外第二、三道弦纹间夹饰套菱纹。第三圈纹饰针刻两道弦纹。第四圈纹饰针刻四道弦纹，由内至外第二、三道弦纹间饰菱形填线纹组合。盖身外壁髹黑漆，近口沿处饰五道弦纹。盖内顶心与近口沿髹黑漆，余髹朱漆。近口沿处饰一道弦纹，器身外壁髹黑漆，近底处针刻六道弦纹，由上至下第三、四道弦纹间夹饰波折纹与菱形填线纹组合。内壁近口沿处髹黑漆，余皆髹朱漆。内底中心髹黑漆，中部针刻云气纹，其外针刻三道弦纹，由内至外第二、三道弦纹间夹饰菱形填线纹，其外皆髹朱漆。盖口径 12.8、盖高 7、器身口径 12、器高 6 厘米（彩图九、一〇）。

M9 ： 62、M9 ： 72、M9 ： 76 共 3 件，皆残损严重，具体纹饰不明。

3. 卮

7 件。均出土于南边箱中部。形制基本相同。

M9 ： 79，圆筒形，一侧装铜持环。外壁通髹黑漆，近口沿与近底处朱绘弦纹，其余纹饰基本脱落，内容不明。内壁与内底通髹朱漆。口径 11.6、高 10.2 厘米（彩图一一）。

M9 ： 82，圆筒形。外壁通髹黑漆，近底处朱绘弦纹。内壁与内底通髹朱漆。口径 11.6、高 10.6 厘米（彩图一二）。

M9 ： 83，圆筒形，一侧装一鎏金铜双环持。外壁通髹黑漆，针刻多道弦纹，近口沿与近底处加绘朱漆点纹。内壁与内底通髹朱漆。口径 9.9、高 10.7 厘米（彩图一三）。

M9 ： 108，形制、纹饰与 M9 ： 83 基本相同，唯外壁中部多饰针刻云气纹。口径 9.3、高 9.4 厘米（彩图一四）。

M9：102 ～ M9：104 共 3 件，残损严重，纹饰、尺寸不明。

4. 盘

1 件。

M9：86，出土于南边箱中部。仅存部分漆皮，器形大体可辨，具体纹饰、尺寸不明。

5. 残器

5 件。

M9：32 ～ M9：35、M9：46 共 5 件，出土于东边箱内。皆残损严重，器形不明。

（五）玉器

7 件。器形为璜、环、佩饰、眼罩。

1. 璜

1 件。

M9D1：7，出土于盗洞内。青白玉。内外缘与两侧皆有减缘形成的牙槽，边缘均起棱。两面均饰涡纹。残损近半，尚可复原。外径 13.8、内径 7.2、背宽 2.4、厚 0.4 厘米（图三八；彩版五二，1）。

2. 环

2 件。形制不同。

M9：92，出土于棺内南端。通体饰绞索纹。外径 5、内径 3.6、厚 0.7 厘米（图三九，1；彩版五二，2）。

M9D1：12，出土于盗洞内。环体扁平，器表饰两道凹弦纹。残损严重，尚可复原。外径 3.8、

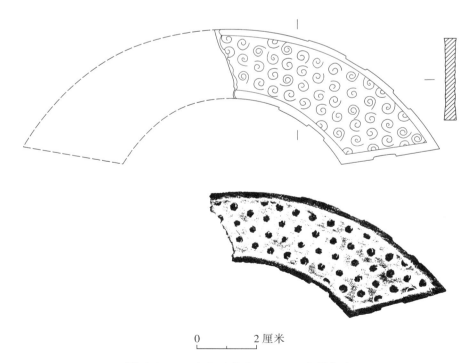

0　　　　2厘米

图三八　M9 出土玉璜（M9D1：7）及拓本

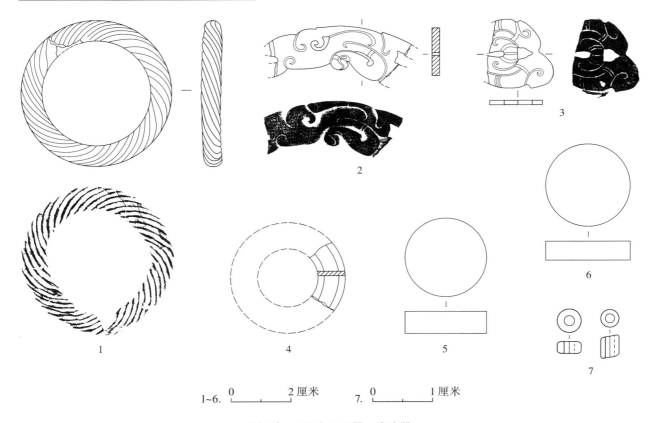

图三九　M9 出土玉器、琉璃器

1、4. 玉环（M9：92、M9D1：12）　2、3. 玉佩饰（M9D1：11、M9：49）　5、6. 玉眼罩（M9：93、M9：94）　7. 琉璃管饰（M9：96-7）

内径 2、厚 0.15 厘米（图三九，4）。

3. 佩饰

2 件。形制不同，皆残损。

M9D1：11，出土于盗洞内。白玉质，两面阴刻纹饰。残长 4.7、厚 0.25 厘米（图三九，2；彩版五二，3）。

M9：49，出土于东边箱北部。白玉质，两面阴刻纹饰。残长 2.2、厚 0.15 厘米（图三九，3；彩版五二，4）。

4. 眼罩

2 件。出土于棺内南端。形制相同。青玉质。扁圆柱形。素面。

M9：93，直径 2.7、高 0.75 厘米（图三九，5；彩版五二，5）。

M9：94，直径 2.8、高 0.65 厘米（图三九，6；彩版五二，5）。

（六）琉璃器

1 组 6 件。皆为管饰。均出土于棺内中部西侧。

M9：96-7，为金腰带饰件。皆为圆柱形，中部穿一细孔。其中 5 件形制相同，外径 0.4、高 0.2、孔径 0.16 厘米（图三九，7；彩版五〇，5）。

另一件为圆柱马蹄形，外径 0.3、高 0.4、孔径 0.15 厘米（图三九，7；彩版五〇，5）。

（七）陶器

56 件。分为釉陶器和灰陶器两类。

1. 釉陶器

38 件。器形有鼎、盒、壶、瓿、罐、瓮、锺、钫、匜、盆、勺、卮、熏，主要出土于北边箱与东边箱内。

（1）鼎

4 件。形制基本相同，唯尺寸及细部纹饰略有差异。

M9：36，出土于东边箱中部。钵形盖，盖母口，盖顶中部饰凹弦纹。盖上立三纽，纽下部均有圆穿。器身子口，弧鼓腹，中部起一周凸棱，圜底，三蹄足。口沿下有一对倒梯形附耳，上饰凸起卷云纹，足外侧亦饰卷云纹。盖径 18、盖高 6、器身口径 15.4、合盖通高 18.3 厘米（图四〇，1；彩版五三，1、2）。

M9：37，出土于东边箱中部。钵形盖，盖母口，盖顶中部饰凹弦纹。盖上立三纽，纽下部均有圆穿。器身子口，弧鼓腹，中部起一周凸棱，底近平，三蹄足。口沿下有一对长方形附耳，上饰凸起点纹。盖径 18.9、盖高 6.6、器身口径 16.3、合盖通高 20.8 厘米（图四〇，3；彩版五三，3、4）。

M9：38，出土于东边箱南部。钵形盖，盖母口，盖顶中部饰凹弦纹。盖上立三纽，纽下部有圆穿。器身子口，弧鼓腹，中部起一周凸棱，圜底，三蹄足。口沿下饰一对长方形素面附耳。盖径 18.8、盖高 6.6、器身口径 17、合盖通高 19.6 厘米（图四〇，5；彩版五四，1）。

M9：109，形制、尺寸及纹样与 M9：38 相同。

（2）盒

4 件。出土于东边箱南部。形制、尺寸基本相同。钵形盖，顶部起一周凸棱，中部饰凹弦纹。器身子口，弧腹，平底，矮圈足。

M9：40，盖径 20.2、盖高 5.4、器身口径 16.5、合盖通高 17.1 厘米（图四〇，2；彩版五四，2）。

M9：39，盖径 19.4、盖高 5.6、器身口径 16.7、合盖通高 15.8 厘米（图四〇，4；彩版五四，3）。

M9：45，盖径 19.2、盖高 5.7、器身口径 16.4、合盖通高 17.1 厘米（图四〇，6；彩版五四，4）。

M9：110，形制、尺寸与 M9：45 相同（彩版五五，1）。

（3）壶

2 件。形制、尺寸基本相同。盖子口，盖身扁平，中部饰戳点纹与凹弦纹。盖上立三纽，纽下部均有圆穿。器身母口，束颈，溜肩，鼓腹，下腹斜收，圈足。肩部饰一周点纹、水波纹与凹弦纹圈带，两侧各饰一蕉叶纹半环耳，耳两侧各饰一圆形贴饰。

M9：18，出土于北边箱东部。盖径 12.6、盖高 4.7、器身口径 10.3、底径 13、合盖通高 33.4 厘米（图四一，1；彩版五五，3、4）。

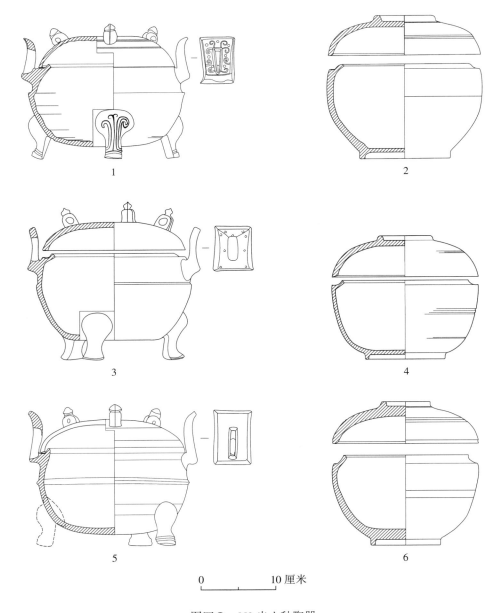

图四〇　M9 出土釉陶器

1、3、5.鼎（M9：36、M9：37、M9：38）　2、4、6.盒（M9：40、M9：39、M9：45）

　　M9：8，出土于北边箱西部。盖径 12.8、盖高 5、器身口径 12、底径 13、合盖通高 32.9 厘米（图四一，2；彩版五五，2）。

　　（4）瓿

　　4 件。形制、尺寸基本相同。盖子口，上部圆弧，表面饰凹弦纹，顶部有蘑菇状捉手。器身母口，鼓肩，弧腹，平底，下有三矮扁足。肩部饰一周水波纹与凹弦纹圈带，两侧各饰一耳，耳面饰变形兽面纹。

　　M9：21，出土于北边箱东端。盖径 10.4、盖高 6.4、器身口径 10、底径 16.5、合盖通高 22.8 厘米（图四一，3；彩版五六，1、2）。

0 ——— 12 厘米

图四一 M9 出土釉陶器

1、2. 壶（M9：18、M9：8） 3~6. 瓿（M9：21、M9：11、M9：20、M9：22）

M9：11，出土于北边箱西端。盖径10、盖高5.7、器身口径9.2、底径12.3、合盖通高22.5厘米（图四一，4；彩版五六，3）。

M9：20，出土于北边箱东部。盖径10.4、盖高5.6、器身口径10.7、底径13.2、合盖通高25.6厘米（图四一，5；彩版五六，4）。

M9：22，出土于北边箱东端。盖径10.5、盖高6.4、器身口径9.4、底径14.5、合盖通高22.7厘米（图四一，6；彩版五七，1）。

（5）罐

6件。形制基本相同，唯尺寸略有差异。

M9：28，出土于北边箱东端。侈口，斜沿，束颈，鼓肩，弧腹，平底。口径11.7、底径13.5、高22.2厘米（图四二，1；彩版五七，2）。

M9：15，出土于北边箱中部。侈口，斜沿，束颈，鼓肩，弧腹，平底微凹。口径11.8、底径13.5、高22.1厘米（图四二，2；彩版五七，3）。

M9：25，出土于北边箱东端。侈口，斜沿，束颈，鼓肩，弧腹，平底微凹。口径10、底径14.7、高21.9厘米（图四二，3；彩版五七，4）。

M9：26，出土于北边箱东端。侈口，斜沿，束颈，鼓肩，弧腹，平底。口径10、底径14.3、高21.7厘米（图四二，4；彩版五八，1）。

M9：58，出土于西边箱北部。侈口，斜沿，束颈，鼓肩，弧腹，平底微凹。口径10.3、底径16.2、高22.8厘米（彩版五八，2）。

M9：42，出土于东边箱南端。侈口，斜沿，束颈，鼓肩，弧腹，平底。口径12.8、底径15.8、高26.6厘米（图四二，5；彩版五八，3）。

（6）瓮

2件。出土于西边箱中部。形制不同。

M9：60，侈口，圆唇，束颈，广肩，斜腹，平底内凹。器表通体拍印筛格纹。口径19、底径17.5、高43.4厘米（图四二，6；彩版五八，4）。

M9：61，敛口，尖圆唇，束颈，溜肩，鼓腹，平底内凹。肩部拍印筛格纹，腹部以下拍印席纹。口径17.3、底径17.5、高46厘米（图四二，7；彩版五九，1）。

（7）锺

4件。形制、尺寸基本相同。盖子口，盖身扁平，中部饰戳点纹与凹弦纹。盖上立三纽，纽下部均有圆穿。器身母口，束颈，斜肩，鼓腹，下腹斜收，圈足外撇。肩部饰两组凹弦纹及水波纹圈带，中间夹饰戳点纹，肩部两侧各饰一蕉叶纹半环耳，耳两侧各饰一圆形贴饰。

M9：24，出土于北边箱东部。盖径18.4、盖高7.4、器身口径17.8、底径20.5、合盖通高51.8厘米（图四三，1；彩版五九，3、4）。

M9：19，出土于北边箱东部。盖径18.2、盖高7.5、器身口径17.9、底径22、合盖通高52.2厘米（图四三，2；彩版五九，2）。

M9：23、M9：31共2件，形制、尺寸与M9：24相同（彩版六〇，1、2）。

（8）钫

2件。出土于北边箱东部。形制、尺寸基本相同。盖作盝顶式，顶部四角各饰一纽。器身侈口，

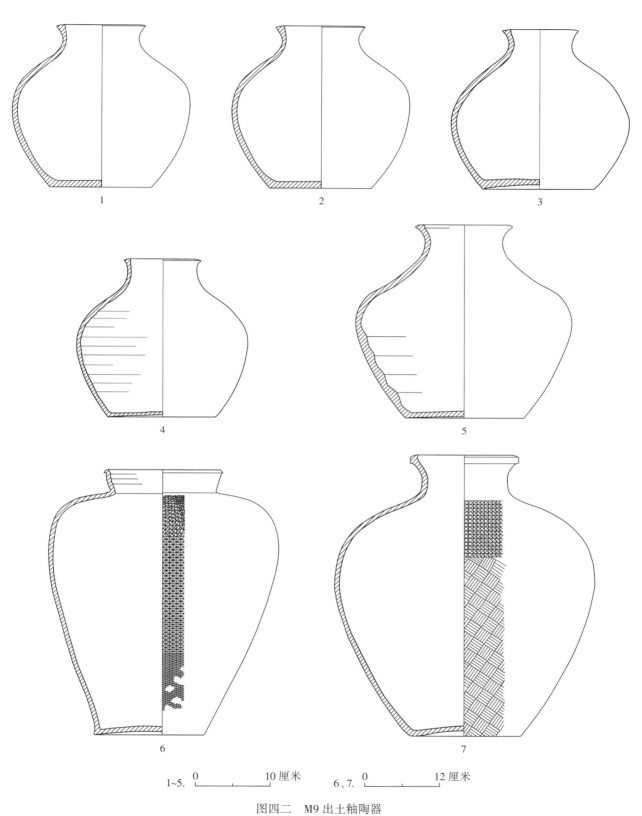

图四二 M9 出土釉陶器

1~5.罐（M9：28、M9：15、M9：25、M9：26、M9：42） 6、7.瓮（M9：60、M9：61）

图四三 M9 出土釉陶器
1、2.锺（M9：24、M9：19） 3、4.钫（M9：16、M9：17）

平沿，束颈，斜肩，鼓腹，下腹斜收，圈足外撇。上腹部两侧各饰一铺首衔环。

M9：16，盖径 13.3、盖高 7.5、器身口径 13.2、底径 15.6、合盖通高 46.2 厘米（图四三，3；彩版六〇，3、4）。

M9：17，盖径 13.6、盖高 8.1、器身口径 13.2、底径 15.4、合盖通高 47 厘米（图四三，4；彩版六一，1）。

（9）匜

2 件。出土于北边箱中部。形制、尺寸相同。平面呈圆角长方形，直口，上腹较直，下腹弧收，矮圈足。一侧流向上仰起，断面呈"凹"字形，流底下凹。另一侧贴饰铺首衔环。上腹部饰水波纹与戳点纹组合。

M9：13，通长 27.9、宽 26.7、高 12.4、流口宽 5.8 厘米（图四四，1；彩版六一，2）。

M9：14，通长 28.1、宽 27、高 12.6、流口宽 6.5 厘米（图四四，2；彩版六一，3、4）。

（10）盆

1 件。

M9：1，出土于北边箱西端。侈口，卷沿，折腹斜收，平底内凹。口径 45.7、底径 26.2、高 13.1 厘米（图四四，3；彩版六二，1、2）。

（11）勺

4 件。依形制差异，分二型。

A 型　2 件。

M9：4，出土于北边箱西端盆内。斗呈圆筒形，口沿外壁饰凹弦纹。棍形长柄，柄端呈扁平状。斗宽 4.9、连柄通长 25.5 厘米（图四四，4；彩版六二，2；彩版六三，1）。

M9：5，尺寸与 M9：4 相同（彩版六二，2；六三，2）。

B 型　2 件。

M9：43，出土于东边箱南端。斗面呈椭圆形，浅腹，圜底。棍形长柄，截面呈八棱形。斗宽 8.9、连柄通长 22.3 厘米（图四四，5；彩版六二，2；彩版六三，3）。

M9：44，尺寸与 M9：43 相同。

（12）卮

2 件。形制、尺寸相同。

M9：3，出土于北边箱西端盆内。圆筒形，直口，圆唇，一侧有一錾耳。外壁饰三组水波纹和戳点纹组合。口径 11.6、高 11.4 厘米（图四五，1；彩版六三，4）。

M9：2，尺寸与 M9：3 相同（彩版六三，5）。

（13）熏

1 件。

M9：6，出土于北边箱西部。盖母口，扁圆形，顶部装饰复杂，纹饰分为三层。顶层饰一蹲坐形鸟，下饰圆形镂孔。中层贴饰三鸟首及圆形镂孔。底层饰三个三角形镂孔。盖面饰凹弦纹与戳点纹圈带，中间夹饰四个"中"字形镂孔及三个三角形镂孔。器身子口，近直腹，下腹斜收，喇叭形圈足。上腹部饰水波纹与凹弦纹圈带。盖径 21、盖高 15.6、器身口径 17.2、底径 13.4、合盖通高 32.5 厘米（图四五，2；彩版六四，1~3）。

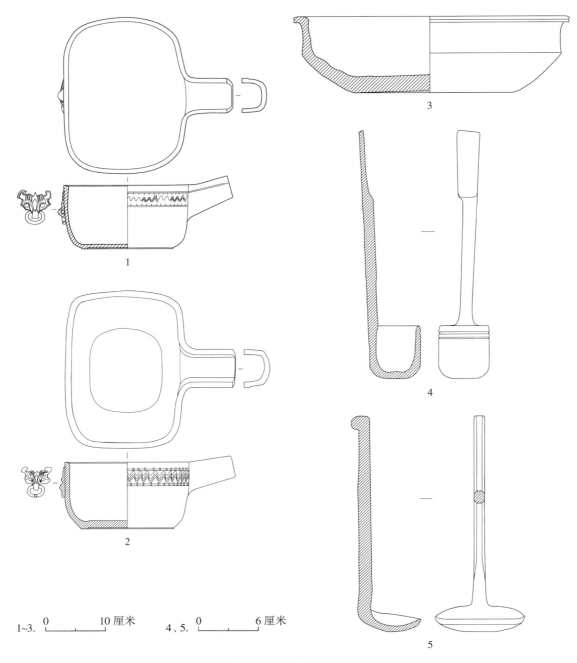

图四四　M9 出土釉陶器

1、2.匜（M9：13、M9：14）　3.盆（M9：1）　4.A 型勺（M9：4）　5.B 型勺（M9：43）

2.灰陶器

18 件。器形为罐、饼金。北、东、西三面边箱内均有分布。

（1）罐

8 件。依形制差异分为三型。

A 型　5 件。彩绘灰陶罐。形制、尺寸基本相同。

M9：27，出土于北边箱西部。侈口，平沿，束颈，鼓肩，折腹，下腹弧收，平底。口沿正

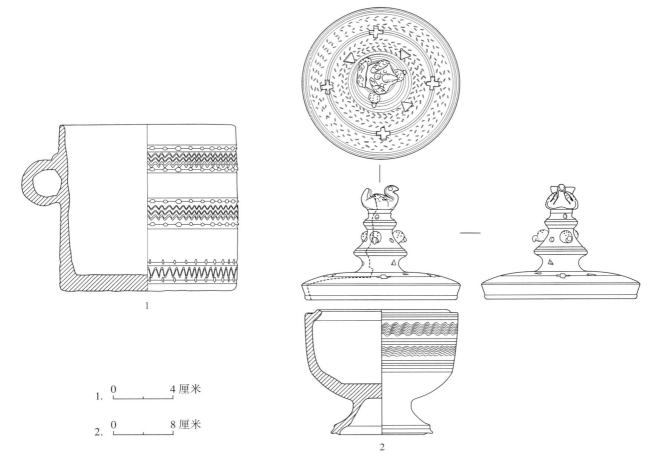

1. $\underset{0 \qquad\qquad 4\text{厘米}}{\vdash\!\!\!\!\dashv}$

2. $\underset{0 \qquad\qquad 8\text{厘米}}{\vdash\!\!\!\!\dashv}$

图四五　M9 出土釉陶器

1. 卮（M9：3）　2. 熏（M9：6）

面朱绘水波纹与弦纹，折腹处朱绘一道带纹。肩部刻有铭文，字迹不明。下腹部饰拍印绳纹。口径 20.8、底径 20.8、高 33.5 厘米（图四六，1；彩版六五，1、2）。

M9：9，出土于北边箱西部。侈口，平沿，束颈，鼓肩，折腹，下腹弧收，平底。下腹部饰拍印绳纹。口径 16.3、底径 11.9、高 34.5 厘米（图四七，1；彩版六五，3）。

M9：10，出土于北边箱西端。侈口，平沿，束颈，鼓肩，折腹，下腹弧收，平底。通体素面。口径 15、底径 17.1、高 36.1 厘米（图四七，2；彩版六五，4）。

M9：12，出土于北边箱中部。侈口，平沿，束颈，鼓肩，折腹，下腹弧收，平底。下腹部饰拍印绳纹。口径 17.5、底径 15.8、高 38.6 厘米（图四七，3；彩版六六，1）。

M9：30，出土于东边箱北端。侈口，平沿，束颈，鼓肩，折腹，下腹弧收，平底。口沿正面朱绘水波纹与弦纹。肩部刻有铭文，字迹不明。下腹部饰拍印绳纹。口径 18.1、底径 12.7、高 33.8 厘米（图四六，2、3；彩版六六，3、4）。

B 型　2 件。

M9：7，出土于北边箱西部。直口，斜沿，短直颈，鼓肩，折腹，下腹弧收，平底。下腹部饰拍印绳纹。口径 14.3、底径 13.2、高 27.2 厘米（图四七，4；彩版六六，2）。

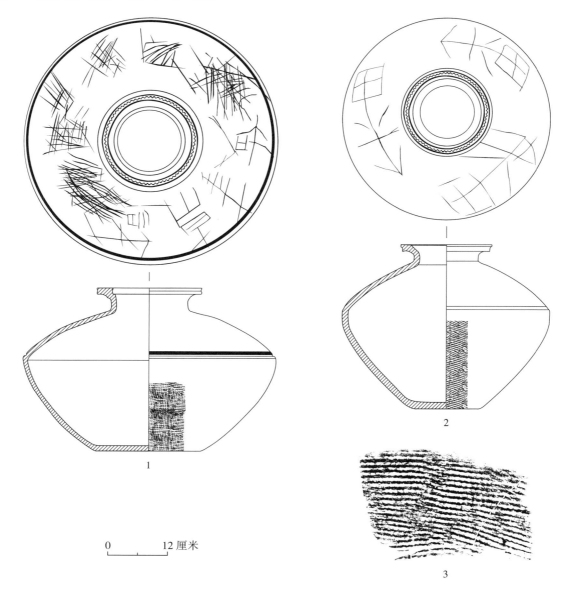

0　　　　12厘米

图四六　M9出土 A 型灰陶罐
1、2.罐（M9：27、M9：30）　3.罐（M9：30）拓本

　　M9：29，出土于北边箱西部。直口，斜沿，短直颈，鼓肩，折腹，下腹弧收，平底。通体素面。口径 14.3、底径 12.7、高 27.2 厘米（图四七，5；彩版六七，1）。

　　C 型　1件。

　　M9：56，出土于西边箱北端。侈口，平沿，短颈，鼓肩，弧腹斜收，平底。肩部刻有铭文"一斗一升"，两侧各饰一桥形耳。口径 11.6、底径 10.2、高 15.2 厘米（图四七，6；彩版六七，2、3）。

　　（2）饼金

　　10件。出土于西边箱南端。形制、尺寸相同。质地疏松。圆饼形，底部内凹。正面饰涡纹。

　　M9：63，底径 5.6、高 1.5 厘米。

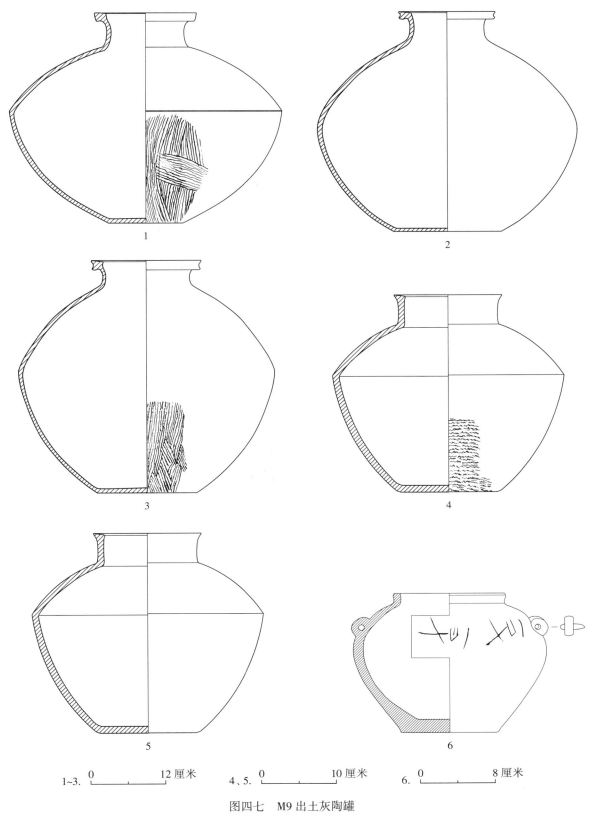

1~3. <u>0   12 厘米</u>   4、5. <u>0   10 厘米</u>   6. <u>0   8 厘米</u>

图四七　M9 出土灰陶罐

1~3. A 型（M9：9、M9：10、M9：12）　4、5. B 型（M9：7、M9：29）　6. C 型（M9：56）

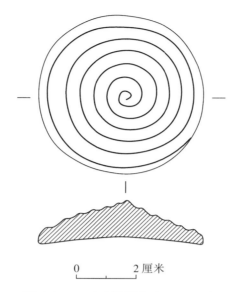

0   2 厘米

图四八　M9 出土陶饼金（M9 ∶ 65）

M9 ∶ 64，底径 5.5、高 1.5 厘米。

M9 ∶ 65，底径 5.5、高 1.5 厘米（图四八；彩版六七，4）。

M9 ∶ 66，底径 5.5、高 1.5 厘米。

M9 ∶ 67 ～ M9 ∶ 71、M9 ∶ 73 共 6 件，形制、尺寸与 M9 ∶ 63 ～ M9 ∶ 66 相同（彩版六七，5、6）。

（八）骨角器

1 件。

M9 ∶ 80，出土于南边箱中部。残损严重。

第六节　10 号墓

一　封土与墓葬结构

M10 为陵园内规模最大的两座祔葬墓之一，位于陵园中部，其封土在 M9 封土西侧。发掘前 M10 地表尚留存少量封土。对封土整体揭露表明，M10 封土之下叠压有与封土相关的石块堆积遗迹（彩版八、九）。

该遗迹普遍分布于 M10 封土底部，遗迹平面近似方形，方向 2°。遗迹四周以石块垒砌出内、外两圈。外圈南北长 22.4、东西宽 21.4 米，南边中部留一南北向通道与墓域中心相连，通道残长 5、宽 4.7 米。内圈南北长 19、东西宽 17.3 米；东、西两边均距外圈 1.3 米；南、北两边均距外圈 1.5 米。石块遗迹西北区域被一长方形陪葬坑（编号 K9）打破（图四九；彩版六八）。

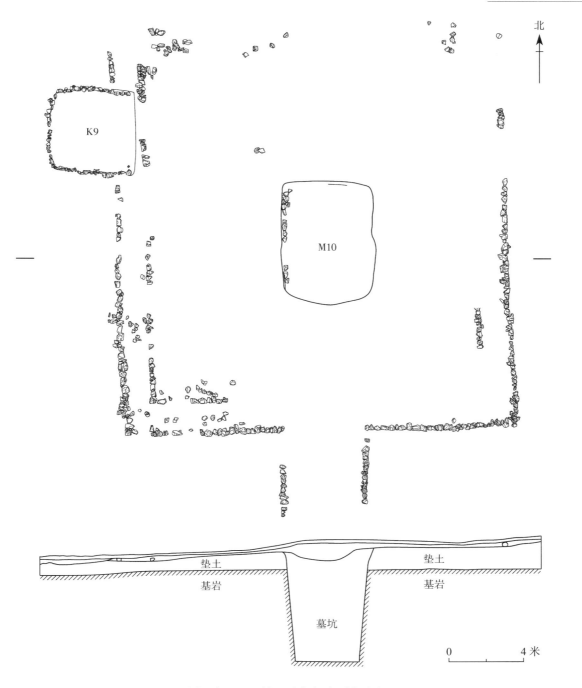

图四九　M10 封土下遗迹平、剖面图

　　与 M9 石块堆积遗迹相同，M10 封土下石块堆积遗迹的人工处理过程极为明显，内、外两圈大部分石块为人工挑选且排列齐整。石块外侧面放置得整齐划一，外圈石块形成的外侧边线与封土底径外侧边缘线相互重合。显然，在封土营造者心目中，M10 外圈石块堆积的外侧面即为封土底部边缘线。

　　M10 为竖穴岩坑墓，墓室位于封土底部中心，开口平面呈长方形，南北长 6.8、东西宽 5、深 5.5 米，方向 2°。墓坑填土为五花土，夯层明显，每层厚约 0.1 米。经对填土解剖发现，墓室早期即

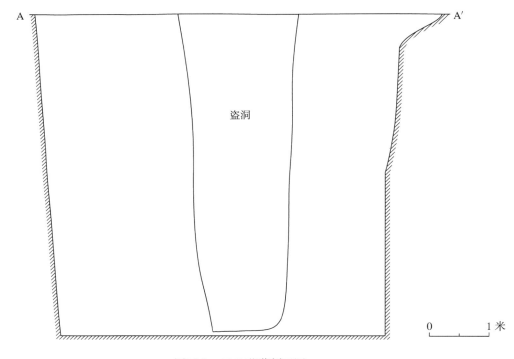

图五〇　M10墓葬剖面图

遭盗扰，盗洞穿透填土层后直接进入棺室（图五〇；彩版六九、七〇）。

M10 葬具为一棺一椁。椁室位于墓坑底部正中，木质结构均已朽，仅存痕迹。椁室南北长4.28、东西宽2.6米，高度不明。棺室位于椁室正中，四周以隔板分为北、东、南、西四边箱。漆棺木质结构均朽，唯外侧漆皮尚存，南北长2.1、东西宽0.7米。尽管漆棺遭遇盗扰，但仍出土了漆奁、玉璜、玉珩等精美文物。北边箱东西长2.6、南北宽0.8米，箱内未遭盗扰，出土各类铜器、漆器、陶器等。东边箱南北长2.8、东西宽0.73米，箱内盗扰严重，几乎未见遗物。南边箱东西长2.8、南北宽0.7米，箱内盗扰严重，仅存漆笥、染炉等遗物。西边箱尺寸与东边箱相同，虽被盗扰，但仍出土大量灰陶器（图五一；彩版七一、七二）。

二　出土遗物

M10尽管早期遭遇盗扰，但仍出土各类遗物139件（组），其中盗洞内出土5件。包括铜器、铁器、漆器、玉器、石器、陶器。

（一）铜器

23件（组）。器形有盘、盆、壶、瑟柄、镜、刷、刷柄、瑟轸钥、卮桮。

1. 盘

2件。均出土于北边箱。

M10：48，残损严重，尚可复原。敞口，宽平斜沿，折弧腹，圈底。口径64、高13厘米（图五二，1；彩版七三，1）。

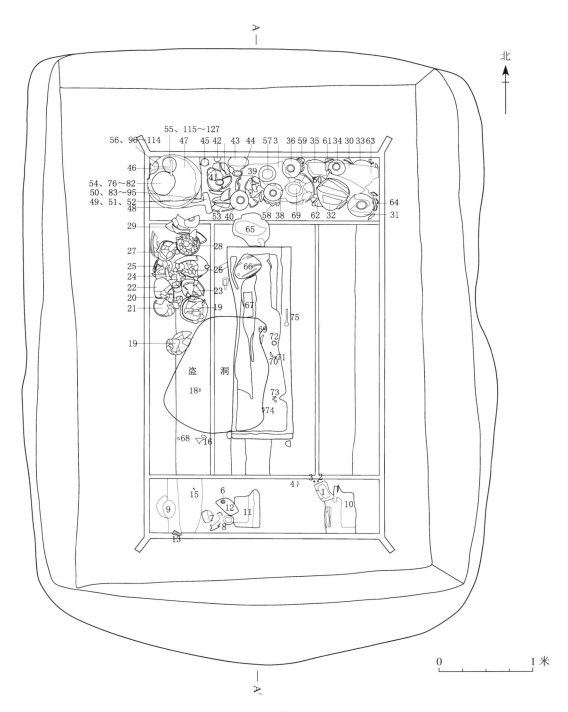

图五一　M10 出土遗物平面分布图

1、9. 铁染炉　2、3、18. 石瑟轸　4、16、65-7、66-1. 铜镜　6. 铜瑟柄　7、8、65、66. 漆奁　10~12、30、37、47、67. 漆笥　13、70、73、74. 玉璜　15. 玉觿　17. 铜卮持　19、26~28. 灰陶鼎　20. 灰陶勺　21、22. 灰陶壶　23~25、29. 灰陶盒　31~34、36、38~44. 釉陶罐　35. 釉陶壶　45. 漆樽　46、50. 铁灯　48、49. 铜盘　51、52、104、127. 铜盆　53、57~64. 灰陶罐　54、56、76~82、96~103、105、109~112. 漆盘　55、83~95、108、113~126. 漆耳杯　65-8、65-9、66-2、66-3、66-5~66-8. 铜刷　66-4. 铜刷柄　68. 玉器　69. 玉珩　71. 玉带钩　72. 玉环　75. 铜瑟轸钥　106. 漆盆　107. 铜壶

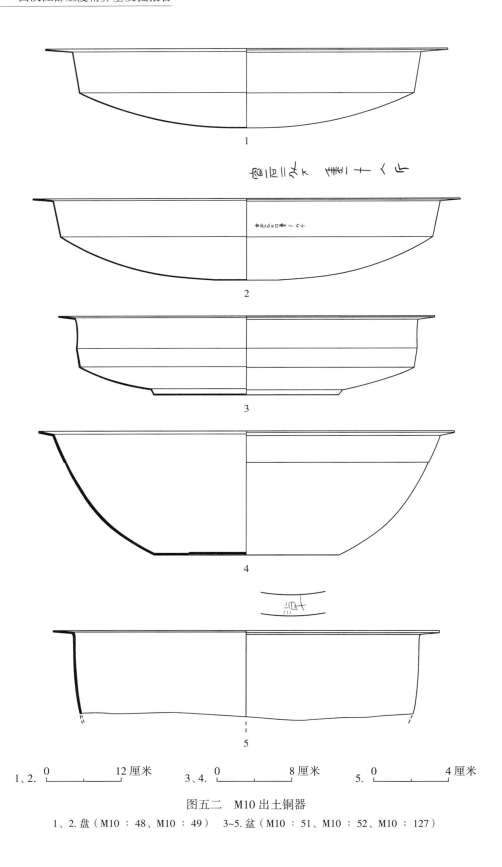

1、2. ┌─── 0 ────── 12 厘米   3、4. ┌─── 0 ────── 8 厘米   5. ┌─── 0 ────── 4 厘米

图五二 M10 出土铜器

1、2. 盘（M10：48、M10：49）   3~5. 盆（M10：51、M10：52、M10：127）

M10：49，形制与 M10：48 相同，尺寸有异。外腹处刻有铭文，内容为"容一石二斗五升重十六斤"。口径 68、高 13.4 厘米（图五二，2；彩版七三，2）。

2. 盆

4 件。均出土于北边箱内。

M10：51，敞口，宽平斜沿，折腹，下腹弧收，平底。口径 40、底径 19.6、高 8.6 厘米（图五二，3；彩版七四，1）。

M10：52，敞口，宽平斜沿，弧腹，平底内凹。口径 44.2、底径 19.6、高 13.8 厘米（图五二，4；彩版七四，2）。

M10：127，敞口，宽平斜沿，深弧腹，下部残缺。口沿正面刻一铭文"淖"。口径 20.5、残高 4.9 厘米（图五二，5；彩版七四，3）。

M10：104，残损严重，尺寸不明。

3. 壶

1 件。出土于北边箱内。

M10：107，侈口，溜肩，鼓腹，圈足。通体刻饰云雷纹，肩部两侧各饰一铺首衔环。口径 4.7、底径 4.7、高 9.9 厘米（图五三；彩版七五，1、2）。

4. 瑟枘

1 件。

M10：6，出土于南边箱内。器顶面呈半球形，上饰盘龙纹。反面正中为一方形立柱，出土时柱面捆扎痕迹明显。立柱长 1.8、器高 3.9 厘米（图五四；彩版七五，3、4）。

5. 镜

4 件。

M10：4，出土于南边箱内。蟠螭纹镜。残损严重，仅余残片。圆形，三弦纽，圆形纽座。座外饰地纹及凹面圈带各一周，地纹由涡纹及三角云雷纹组成。其外饰两周短斜线纹，间饰地纹

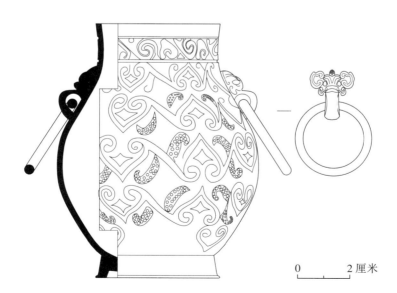

图五三　M10 出土铜壶（M10：107）

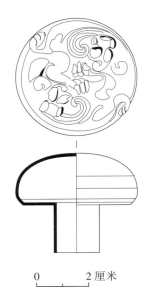

0   2厘米

图五四　M10出土铜瑟枘（M10∶6）

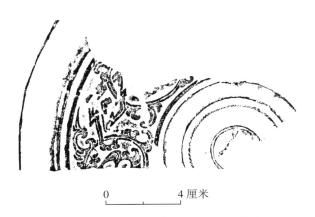

0   4厘米

图五五　M10出土铜镜（M10∶4）拓本

及蟠螭纹。宽素缘，缘边上卷。镜面平直。纽宽1.8、缘厚0.26厘米（图五五）。

    M10∶16，出土于西边箱内。蟠螭纹镜。残损严重，仅余残片。圆形，纽座残缺，纹饰不明。主体饰蟠螭纹，以涡纹及三角云雷纹为地纹。宽素缘，缘边上卷。镜面平直。缘厚0.26厘米。

    M10∶65-7，出土于棺外北端漆奁内。草叶纹镜。圆形，三弦纽，圆形纽座。座外饰凹面方格纹一周，其外饰一周铭文及单线方格。方格四角各伸出一株双叠状草叶纹，方格四边中心各伸出一组花叶纹，外饰一周二十四内向连弧纹。铭文为"镜气精明，服者君卿，继嗣□世，宜弟兄"。宽素缘，缘边上卷。镜面平直。直径18.7、纽高1、纽宽1.7、缘厚0.22厘米（图五六；彩版七六；彩版七七，1）。

    M10∶66-1，出土于棺内北部漆奁内。花卉镜。圆形，半圆纽，圆形纽座。座外饰一组变形柿蒂纹及涡纹与三角云雷纹各一周，其外饰一周凹面圈带。外饰四组变形柿蒂纹圆纽乳丁，分饰四区，其内饰四组花卉纹，其外饰一周二十四内向连弧纹。宽素缘，缘边上卷。镜面平直。直径

0   4厘米

图五六　M10 出土铜镜（M10 ： 65-7）及拓本

28、纽高 1.4、纽宽 3、缘厚 0.27 厘米（图五七；彩版七七，2；彩版七八）。

6. 刷

8 件。依形制差异，分三型。

A 型　2 件。"山"字形铜刷。

M10∶65-8，出土于棺外北端漆奁内。刷毛已朽，顶部为镂空装饰，下部为椭圆形銎，銎长 1.9、宽 0.5 厘米，通长 3.9、宽 2.8 厘米（图五八，1；彩版七九，1）。

M10∶66-3，出土于棺内北部漆奁内。形制、尺寸与 M10∶65-8 相同。

B 型　4 件。均出土于棺内北部漆奁内。"一"字形铜刷。

M10∶66-5，刷毛已朽，顶部饰一圆形穿孔，下部为圆柱形柄，柄端为圆形銎。通长 3.5、銎径 0.5 厘米（图五八，2；彩版七九，2）。

M10∶66-6，刷毛已朽，顶部饰一圆形穿孔，下部为圆柱形柄，柄端为圆形銎。通长 3.5、銎径 0.5 厘米（彩版七九，2）。

M10∶66-7，刷毛已朽，顶部饰一圆形穿孔，下部为圆柱形柄，柄端为圆形銎。通长 3.5、銎径 0.5 厘米（彩版七九，2）。

M10∶66-8，仅存下端。残长 1.6、銎径 0.5 厘米。

C 型　2 件。烟斗形刷。一端上翘为圆形銎，銎内刷毛已朽。

M10∶65-9，出土于棺外北端漆奁内。通长 2.8、銎径 0.8 厘米（图五八，4；彩版七九，3）。

M10∶66-2，出土于棺内北部漆奁内。通长 3.2、銎径 0.8 厘米（图五八，5）。

7. 刷柄

1 件。

M10∶66-4，出土于棺内北部漆奁内。木质刷柄，顶端铜套，顶端有一凸纽，整体呈圆柱形，由上至下呈增大趋势，下端为圆銎。通长 4、銎径 1.3 厘米（图五八，3；彩版七九，4）。

8. 瑟轸钥

1 件。

M10∶75，出土于棺内。长条形，前端饰一方形銎，銎内刷毛已朽。柄端以一盘龙为造型。整器构思巧妙，工艺精湛。銎径 1、长 16.3、厚 2 厘米（图五八，6；彩版七九，5）。

9. 厄持

1 件

M10∶17，出土于西边箱内。圆环扁叶状把手。残长 2.6、孔径 2 厘米（图五八，7；彩版七九，6）。

（二）铁器

8 件。器形为臿、凿、染炉、灯。

1. 臿

3 件。均出土于盗洞内。平面呈"U"形，器身瘦长，下端弧刃，内部中空。

M10D1∶1，上端残。残长 10、宽 8.8、厚 1.6 厘米（图五九，1）。

M10D1∶2，上端平口。残长 7.4、宽 7.5、厚 1.8 厘米（图五九，2；彩版七九，7）。

0　　　　6厘米

图五七　M10 出土铜镜（M10 ： 66-1）及拓本

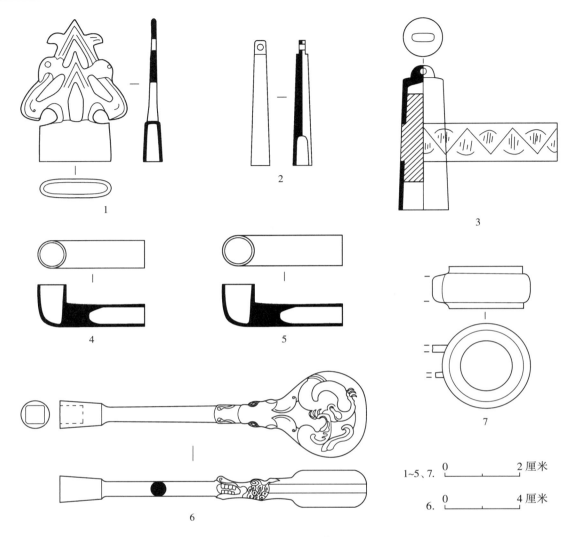

图五八 M10 出土铜器

1. A 型铜刷（M10：65-8） 2. B 型铜刷（M10：66-5） 3. 刷柄（M10：66-4） 4、5. C 型铜刷（M10：65-9、M10：66-2）
6. 瑟轸钥（M10：75） 7. 厄持（M10：17）

M10D1：3，上端平口。残长 10.2、宽 8.8、厚 2 厘米（图五九，3）。

2. 凿

1 件。出土于盗洞内。

M10D1：4，长条锥形，器身较长，顶部呈方形。残长 20.9、宽 2.2、厚 2.1 厘米（图五九，4；彩版七九，8）。

3. 染炉

2 件。均出土于南边箱内。

M10：1、M10：9，器物因盗扰残损严重，无法复原，尺寸不明。

4. 灯

2 件。均出土于北边箱内。

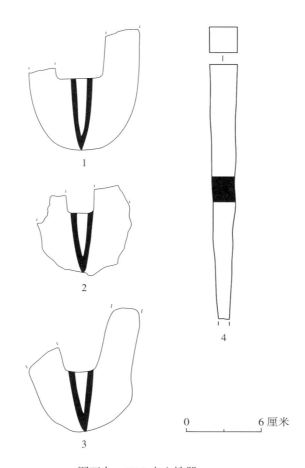

图五九　M10 出土铁器

1~3.臿（M10D1：1~M10D1：3）　4.凿（M10D1：4）

M10：46、M10：50，皆为豆形灯，惜锈蚀严重，无法复原。

（三）漆器

64 件。器形有耳杯、盘、奁、樽、盆、筒。

1. 耳杯

29 件。均出土于北边箱内。造型基本相同，依主体纹饰差异，分四型。

A 型　12 件。依据纹样细部变化，分为三亚型。

Aa 型　8 件。

M10：115，夹纻胎，椭圆形口，耳缘上翘，弧腹，平底。内外通髹黑漆。耳边缘针刻两道弦纹夹饰朱漆点纹，耳正面中心饰两组神兽纹，耳面边缘饰三道针刻弦纹，由内至外第二、三道弦纹间夹饰梳齿纹。外口边饰两道针刻弦纹夹朱漆点纹，纹饰与耳边缘纹饰相连。外腹壁中心饰四组神兽云气纹，近底处饰四道针刻弦纹，由上至下第二、三道弦纹间夹饰篦纹与朱漆点纹组合。内口边饰三道针刻弦纹，由上至下第一、二道弦纹间夹饰梳齿纹，纹饰与耳面边缘纹饰相连。内腹壁纹饰分为上、中、下三部分。上部朱绘一周云气纹。中部饰三道针刻弦纹，由上至下第二、三道弦纹间夹饰篦纹与朱漆点纹组合。下部饰对称分布的四组云气纹。内底纹饰分内、外两区。

外区饰三道针刻弦纹，由内至外第二、三道弦纹间夹饰篦纹与朱漆点纹组合。内区饰两两对称分布的四组神兽纹。外底针刻隶书"淖氏"。口长 13.2、连耳宽 11.7、底长 7.7、底宽 3.7、高 3.8厘米（彩图一五）。

其余七件漆耳杯，形制、纹饰大体相同。外底均针刻隶书"淖氏"。

M10 ∶ 116，底长 7.4、底宽 3.7 厘米（彩图一六，1）。

M10 ∶ 117，底长 7.7、底宽 3.7 厘米（彩图一六，2；彩版八〇，1、2）。

M10 ∶ 118，底长 7.7、底宽 3.7 厘米（彩图一六，3；彩版八一，1）。

M10 ∶ 119，底长 7.7、底宽 3.7 厘米（彩图一六，4）。

M10 ∶ 121，底长 7.7、底宽 3.7 厘米（彩图一六，5）。

M10 ∶ 122，底长 7.7、底宽 3.7 厘米（彩图一六，6）。

M10 ∶ 123，底长 7.7、底宽 3.7 厘米（彩图一六，7；彩版八一，2）。

Ab 型　1 件。

M10 ∶ 120，夹纻胎，椭圆形口，耳缘上翘，弧腹，平底。内外通髹黑漆。除内腹壁下部四组云气纹与 M10 ∶ 115 略有差异外，其余纹样与 Aa 型基本相同。外底亦针刻隶书"淖氏"。口长 11、连耳宽 9.6、底长 6.8、底宽 3.3、高 3.5 厘米（彩图一七；彩版八二，1 ~ 4）。

Ac 型　3 件。

M10 ∶ 124，夹纻胎，椭圆形口，耳缘上翘，弧腹，平底。内外通髹黑漆。内外纹饰与M10 ∶ 115 基本相同，唯内腹壁与外腹壁中部皆为素面。外底烙印铭文"左曹"。口长 8.1、连耳宽 7.3、底长 5、底宽 2.6、高 2.6 厘米（彩图一八；彩版八三，1）。

M10 ∶ 125、M10 ∶ 126 共 2 件，尺寸、纹样与 M10 ∶ 124 相同（彩版八三，2）。

B 型　14 件。

M10 ∶ 83，夹纻胎，椭圆形口，耳缘上翘，弧腹，平底。内外通髹黑漆。耳边缘饰四道针刻弦纹，由上至下第一、二道弦纹间夹饰篦纹。耳正面边缘饰四道针刻弦纹，由内至外第二、三道弦纹间夹饰梳齿纹。外口边饰四道针刻弦纹，由上至下第一、二道弦纹间夹饰篦纹，第三、四道弦纹间夹饰梳齿纹，纹饰与耳边缘纹饰相连。外腹壁近底处饰四道针刻弦纹，由上至下第二、三道弦纹间夹饰篦纹。内口边饰四道针刻弦纹，由上至下第二、三道弦纹间夹饰梳齿纹，纹饰与耳面边缘纹饰相连。内腹壁上部饰五道针刻弦纹，由上至下第二、三道弦纹间夹饰篦纹，第四、五道弦纹间夹饰梳齿纹。内底边缘饰四道针刻弦纹，由内至外第三、四道弦纹间夹饰篦纹。余皆素面。外底中心针刻三行铭文，铭文外周刻长方形边框一周，铭文为"公子强立事左辛府岁工长萦御"。从字体、字义判断此处铭文当为战国时期齐系文字。口长 18.9、连耳宽 14.6、底长 10、底宽 5、高 4.1 厘米（彩图一九；彩版八四，1）。

M10 ∶ 55，外底铭文包括两处，一处为针刻，内容不明；一处为朱漆，铭文为"食官"。口长 18.9、连耳宽 15、底长 9.9、底宽 5、高 4.2 厘米（彩图二〇）。

M10 ∶ 84，外底铭文包括两处，一处为针刻，内容不明；一处为朱漆，铭文为"食官"。底长 10、底宽 4.7 厘米（彩图二一，1；彩版八五，1）。

M10 ∶ 85，外底铭文包括两处，一处为针刻，字体不明；一处为朱漆，铭文为"食官"。底长 10、底宽 4.7 厘米（彩图二一，2；彩版八四，2）。

M10 ∶ 86～M10 ∶ 95 共 10 件，尺寸、纹样与 M10 ∶ 83 相同。器物外底均无铭文。

C 型 1 件。

M10 ∶ 108，夹纻胎，椭圆形口，耳缘上翘，弧腹，平底。耳面髹黑漆，中心饰几何纹，耳面边缘饰两道针刻弦纹。外腹壁髹黑漆，通体素面。内口边髹黑漆，饰一周朱漆带纹。内腹壁上部髹黑漆，饰朱绘勾连云气纹与弦纹各一周。其余部分皆髹朱漆。口长 14.4、连耳宽 10.9、底长 7.2、底宽 3.4、高 3.4 厘米（彩图二二）。

D 型 2 件。

M10 ∶ 113，夹纻胎，椭圆形口，耳缘上翘，弧腹，平底。耳面髹黑漆，中心饰几何纹，耳面边缘饰两道朱绘弦纹。外腹壁髹黑漆，近口沿处饰两道弦纹夹饰几何云气纹。内腹壁口沿处髹一圈黑漆，余皆髹朱漆。中心饰对称分布的花草云气纹。口长 14.9、连耳宽 13.8、底宽 4.8、高 4 厘米（彩图二三；彩版八六）。

M10 ∶ 114，尺寸、纹样与 M10 ∶ 113 相同。

2. 盘

22 件。依形制差异，分二型。

A 型 14 件。均出土于北边箱内。依细部纹饰差异，分四亚型。

Aa 型 1 件。

M10 ∶ 56，夹纻胎，敞口，斜沿，弧折腹，平底。沿面与外沿髹黑漆。沿面各饰一道弦纹与朱漆点纹。外沿素面。盘外髹黑漆，素面。内沿髹黑漆，饰两道朱漆弦纹及四组对称变形鸟纹（IB 纹）。盘内髹朱漆。内底髹黑漆，外圈饰两道朱漆弦纹及四组变形鸟纹，内圈饰两组朱漆云气纹。口径 20.6、底径 9.7、高 4.9 厘米（彩图二四）。

Ab 型 8 件。

M10 ∶ 96，夹纻胎，敞口，斜沿，弧折腹，平底。通体髹黑漆。沿面饰六道针刻弦纹，由内至外第一、二道及第五、六道弦纹间夹饰梳齿纹，第三、四道弦纹间夹饰朱漆点纹。外沿饰一道朱漆点纹。盘外上腹部饰六道针刻弦纹，由上至下第一、二道弦纹间夹饰篦纹与菱形纹组合，第三、四道弦纹间夹饰针刻神兽云气纹，第五、六道弦纹间夹饰篦纹与朱漆点纹组合。盘内上腹部饰三组针刻云气纹，下腹部饰六组针刻神兽纹，皆对称分布。内底外圈饰五道针刻弦纹，由内至外第二、三道弦纹间夹饰梳齿纹，第四、五道弦纹间夹饰篦纹与朱漆点纹组合。内圈饰三组针刻神兽纹，中心饰一组神兽纹，体形略大。口径 21.6、底径 9.5、高 4 厘米（彩图二五）。

M10 ∶ 97～M10 ∶ 103 共 7 件，尺寸、纹样与 M10 ∶ 96 相同。

Ac 型 2 件。

M10 ∶ 109，夹纻胎，敞口，斜沿，弧折腹，平底。内外通体髹黑漆。沿面饰六道针刻弦纹，由内至外第一、二道及第五、六道弦纹间夹饰梳齿纹。外沿饰两道针刻弦纹。盘外上腹部饰三道针刻弦纹，由上至下第二、三道弦纹间夹饰篦纹。盘内上腹部饰三道针刻弦纹，由上至下第一、二道弦纹间夹饰篦纹。下腹部饰五道针刻弦纹，由上至下第一、二道弦纹间夹饰篦纹，第三、四道弦纹间夹饰梳齿纹。内底外圈亦饰五道针刻弦纹，纹饰内容同内壁下腹部。外底烙印铭文"左曹"，针刻铭文两处，一处为"一斗"，另一处不详。口径 25.4、底径 11、高 6.7 厘米（彩图二六）。

M10 ∶ 105，尺寸、纹样与 M10 ∶ 109 相同（彩版八五，2）。

Ad 型　3 件。

M10：110，夹纻胎，敞口，斜沿，弧折腹，平底。内外通体髹黑漆。沿面饰三道针刻弦纹，外沿饰一道针刻弦纹。盘外上腹部饰四道针刻弦纹。盘内上腹部饰六道针刻弦纹，下腹部饰四道针刻弦纹。内底外圈亦饰四道针刻弦纹，内圈饰针刻云气纹。口径 25.8、底径 10.7、高 5.5 厘米（彩图二七）。

M10：111，仅存器底，铭文不详。底径 10.7 厘米（彩图二八，1）。

M10：112，仅存器底，铭文不详。底径 10.7 厘米（彩图二八，2）。

B 型　8 件。

M10：54，夹纻胎，敞口，斜沿，弧腹，浅盘，平底。整器除内壁下腹部与内底外圈髹朱漆外，余皆髹黑漆。沿面饰五道针刻弦纹，由内至外第二、三道弦纹间夹饰朱漆点纹，第四、五道弦纹间夹饰梳齿纹。外沿饰三道针刻弦纹，由上至下第二、三道弦纹间夹饰朱漆点纹。盘外上腹部饰两道针刻弦纹，夹饰篦纹与朱漆点纹组合。盘内上腹部饰四道针刻弦纹，由上至下第二、三道弦纹夹饰篦纹与朱漆点纹组合。内腹中部饰一道弦纹，其内饰一周篦纹与朱漆点纹。内壁下腹髹一周朱漆。内底纹饰分内、外两区。外区髹朱漆，素面。内区饰五道针刻弦纹，由内至外第二、三道弦纹间夹饰梳齿纹，第四、五道弦纹间夹饰篦纹与朱漆点纹组合。内区中心饰三组针刻神兽云气纹，以三分法分布。外底饰六道针刻弦纹，其内针刻铭文"淖氏"。口径 25.4、底径 17、高 1.9 厘米（彩图二九、三〇；彩版八七，1、2）。

M10：76 ~ M10：82 共 7 件，尺寸、纹样与 M10：54 相同（彩版八八、八九）。

3. 奁

4 件。形制不同。

M10：65，出土于棺外北端。圆形大奁。夹纻胎，器盖顶部尚可复原，盖壁及器身部分残损严重，未能复原。盖顶正面通髹黑漆，以两圈银扣和两道出筋分隔出四圈纹饰。顶心贴饰柿蒂纹银扣，边饰四组针刻云气纹。由内至外第一圈饰五道弦纹，第二、三道弦纹间夹饰针刻三角形填线纹与朱漆点纹组合。第二圈饰三道弦纹，由内至外第二、三道弦纹间夹饰针刻三角形填线纹与朱漆点纹组合。第三圈饰九道弦纹，由内至外第一、二道弦纹间夹饰针刻梳齿纹与朱漆点纹组合，第四、五道弦纹间夹饰针刻云气纹，第八、九道弦纹间夹饰针刻三角形填线纹与朱漆点纹组合。第四圈饰四道弦纹，由内至外第三、四道弦纹间夹饰针刻三角形填线纹与朱漆点纹组合。盖顶反面中心髹黑漆，余髹朱漆。中心饰五道针刻弦纹，第三、四道弦纹间夹饰针刻三角形填线纹。盖径 24 厘米，其余尺寸不明（彩图三一、三二）。

大奁内装六子小奁，均为夹纻胎，盖与器身外壁均髹黑漆，内壁髹朱漆。纹饰均以针刻手法绘制。

M10：65-1，大圆形奁。盖顶中心贴饰柿蒂纹银扣，边饰云气纹，外圈饰两道弦纹，夹饰针刻三角形填线纹与朱漆点纹组合。盖顶中心髹黑漆，针刻云气纹，余髹朱漆。盖身外壁饰两道银扣并分隔出一圈纹饰，饰四道弦纹，由上至下第三、四道弦纹间夹饰针刻云气纹。盖身内壁近口沿处髹黑漆，针刻两道弦纹夹朱漆点纹。器身外壁口沿饰一道银扣，近底处饰四道弦纹，由上至下第三、四道弦纹间夹饰三角形填线纹与朱漆点纹组合。内底中心髹黑漆，针刻云气纹，余皆髹朱漆。盖径 9.6、盖高 5.7、器身口径 8.8、器身高 5 厘米（彩图三三）。

M10 ：65-2，马蹄形奁。盖顶为平顶，周边呈坡状。顶面中心贴饰柿蒂纹银扣，边饰针刻云气纹。坡面饰三道弦纹，由上至下第二、三道弦纹间夹饰三角形填线纹。盖顶内侧中心髹黑漆，针刻云气纹，余皆髹朱漆。盖身外壁饰两道银扣并分隔出一圈纹饰，上饰两道弦纹夹饰针刻云气纹。盖身内壁近口沿处髹黑漆，针刻两道弦纹夹饰朱漆点纹，余皆髹朱漆。器身外壁口沿饰一道银扣，近底处饰四道弦纹，由上至下第二、三道弦纹间夹饰三角形填线纹与朱漆点纹组合。器身内壁近口沿处髹黑漆，针刻两道弦纹夹饰朱漆点纹，余皆髹朱漆。内底中心髹黑漆，余皆髹朱漆。盖长9.4、盖高5.4、器身长9、器身高5厘米（彩图三四；彩版九〇，1）。

M10 ：65-3，大长方形奁。盖作盝顶式。顶面中心贴饰柿蒂纹银扣，两边饰针刻云气纹，四面坡上饰四道弦纹，由上至下第二、三道弦纹间夹饰三角形填线纹与朱漆点纹组合。盖顶内侧中心髹黑漆，饰一道弦纹，内饰针刻云气纹，余皆髹朱漆。盖身外壁饰两道银扣并分隔出一圈纹饰，饰四道弦纹，由上至下第二、三道弦纹间夹饰针刻云气纹。盖身内壁近口沿处髹黑漆，饰两道弦纹夹饰朱漆点纹。器身外壁口沿处饰一道银扣，近底处饰五道弦纹，由上至下第三、四道弦纹间夹饰三角形填线纹与朱漆点纹组合。器身内壁近口沿处髹黑漆，饰两道弦纹夹饰朱漆点纹，余皆髹朱漆。内底中心装饰题材与盖顶中心相同。盖顶长16.5、宽4.4、高4.4厘米，器身长15.9、宽3.8、高3.6厘米（彩图三五；彩版九〇，2）。

M10 ：65-4，小长方形奁。器盖、器身内外壁装饰手法及纹样与M10 ：65-3基本相同。盖顶长7.1、宽3.8、高3.8厘米，器身长6.6、宽3.3、高3.7厘米（彩图三六）。

M10 ：65-5，椭圆形奁。盖顶面中心贴饰柿蒂纹银扣，两边饰针刻云气纹，外饰两道弦纹夹饰三角形填线纹与朱漆点纹组合。盖顶内侧中心髹黑漆，饰一道弦纹，内饰针刻云气纹，余皆髹朱漆。盖身外壁饰两道银扣并分隔出一圈纹饰，饰三道弦纹，由上至下第一、二道弦纹间夹饰针刻云气纹。盖身内壁近口沿处髹黑漆，饰三道弦纹，由上至下第一、二道弦纹间夹饰朱漆点纹。器身外壁口沿处饰一道银扣，近底处饰五道弦纹，由上至下第三、四道弦纹间夹饰三角形填线纹与朱漆点纹组合。器身内壁近口沿处髹黑漆，装饰手法及纹样与器盖内壁相同。盖顶长8.1、宽4.5、高4.2厘米，器身长7.5、高3.6厘米（彩图三七；彩版九〇，3）。

M10 ：65-6，小圆形奁。器盖、器身内外壁装饰手法及纹样与M10 ：65-1基本相同。盖径6、盖高3.8厘米，器身口径5.4、高3.6厘米（彩图三八）。

除六个小奁外，M10 ：65内还出土铜镜1件、铜刷2件，描述见铜器部分。

M10 ：66，出土于棺内北部。奁盒残损严重，无法复原绘图，尺寸不明。奁盒内共出土铜镜1件、铜刷6件、铜刷柄1件，描述见铜器部分。

M10 ：7、M10 ：8共2件，均出土于南边箱内，皆残损严重，无法复原绘图，尺寸不明。

4. 樽

1件。

M10 ：45，出土于北边箱内。夹纻胎。残损严重，仅存器底。器身内外皆髹黑漆，通体素面。近底处饰三足。足均作熊形，一足盘膝，一手上举，形态可爱，通体鎏银。器身口径10.6、残高4.6厘米（彩图三九）。

5. 盆

1件。

M10：106，出土于北边箱内。残损严重，胎质不明。口沿处残留银扣包边。器身纹饰、尺寸皆无法辨识。

6.笥

7件。

出土于南、北边箱内，原始位置大多放置于陶器之上。M10：10～M10：12、M10：30、M10：37、M10：47、M10：67基本残损殆尽，纹饰、尺寸不明，仅存痕迹。

（四）玉器

7件。器形为璜、珩、环、觿、带钩。

1.璜

2件。均出土于棺内。青白玉质，素面。

M10：70，一端阴刻"八百五十七"铭文。两侧穿孔直径0.3、外径9.6、内径4.9、背宽2.5、厚0.25厘米（图六〇，1；彩版九一，1、2）。

M10：73，一端阴刻"八百八十四"铭文。另一端残。穿孔直径0.38、复原外径9.2、内径5、背宽2.6、厚0.3厘米（M10：73与M10：13、M10：74合拼为一件）（图六〇，3；彩版九一，3、4）。

2.珩

1件。出土于棺内。

M10：69，白玉质，两端作龙首形，中部饰卧蚕纹。长9.3、宽2.4、厚0.55厘米（图六〇，6；彩版九二，1）。

3.环

1件。出土于棺内。

M10：72，白玉质，器表饰两道凸棱，中间内凹。外径4.6、内径3.3、厚0.56厘米（图六〇，2；彩版九二，2）。

4.觿

1件。出土于南边箱内。

M10：15，器物因盗扰仅存尾部。白玉质，器表阴刻纹饰。残长3.4、厚0.2厘米（图六〇，4；彩版九二，3）。

5.带钩

1件。出土于棺内。

M10：71，白玉质，整器精小。雁形，纹饰清晰。雁首呈钩状，器身下部饰一圆纽。长1.6、宽1.2、高0.85厘米（图六〇，5；彩版九二，4）。

6.器料

1件。出土于西边箱内。

M10：68，白玉质，受沁严重。长方体，截面呈方形。长1.5、高2.2厘米（图六〇，7；彩版九二，6）。

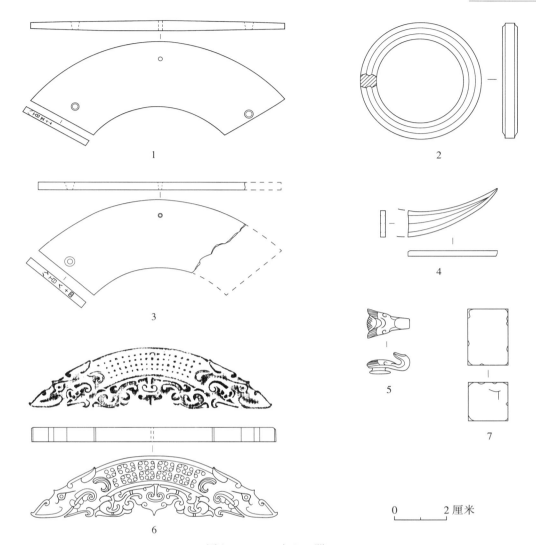

图六〇　M10 出土玉器

1、3. 璜（M10：70、M10：73）　2. 环（M10：72）　4. 觿（M10：15）　5. 带钩（M10：71）　6. 珩（M10：69）及拓本
7. 器料（M10：68）

（五）石器

3 件。均为瑟轸。

锥形，上部为四角锥形，至顶部收为一方形台面。中部穿孔，下端束腰，底面呈圆形。三件形制相同。

M10：2，出土于南边箱内。孔径 0.45、底径 1.3、高 3 厘米（图六一；彩版九二，5）。

M10：3，出土于南边箱内。孔径 0.45、底径 1.3、高 3 厘米（彩版九二，5）。

M10：18，出土于西边箱内。孔径 0.45、底径 1.3、高 3 厘米（彩版九二，5）。

图六一　M10 出土石瑟轸
（M10：2）

（六）陶器

34 件。分为釉陶器和灰陶器两类。

1. 釉陶器

13 件。器形有壶、罐。均出土于北边箱内。

（1）壶

1 件。

M10：35，圆唇内敛，弧沿外凸，束颈，溜肩，弧鼓腹，圈足。肩部饰凹弦纹与水波纹，两侧各饰一蕉叶纹半环耳。口径 10.9、底径 11.4、高 27.1 厘米（图六二，1；彩版九三，1）。

（2）罐

12 件。形制基本相同，唯尺寸有差异。

M10：31，无盖。侈口，圆唇，直颈，鼓肩，斜腹，平底内凹。器表无纹饰。口径 11.7、底径 21.2、高 26.3 厘米（图六二，2；彩版九三，2）。

M10：32，带盖。盖上部圆弧，中心饰蘑菇状捉手，顶部呈圆锥形。器身侈口，圆唇，直颈，鼓肩，斜腹，平底内凹。通体拍印方格纹。盖径 14.2、盖高 7.9、口径 13.6、底径 17.4、高 30.6 厘米（图六二，3；彩版九三，3）。

M10：33，带盖。形制与 M10：32 基本相同，唯器表无纹饰且尺寸略小。盖径 11.3、盖高 5.4、口径 11、底径 16.9、高 27.9 厘米（图六二，4；彩版九三，4）。

M10：40，无盖。形制与 M10：32 基本相同，唯器表无纹饰且尺寸较小。口径 10.1、底径 14.4、高 21.6 厘米（图六二，5；彩版九四，1）。

M10：34，无盖。形制与 M10：32 基本相同，唯器表无纹饰且尺寸较小。口径 9.4、底径 11、高 22.1 厘米（图六二，6；彩版九四，2）。

M10：38，无盖。形制与 M10：32 基本相同，唯器表无纹饰且尺寸较小。口径 9.1、底径 12.5、高 21.3 厘米（图六三，1；彩版九四，3）。

M10：42，尺寸与 M10：38 相同（彩版九四，4）。

M10：36，无盖。形制与 M10：32 基本相同，唯器表无纹饰且尺寸较小。口径 10.6、底径 12.1、高 21.2 厘米（图六三，2；彩版九五，1）。

M10：39，无盖。形制与 M10：32 基本相同，唯器表无纹饰且尺寸较小。口径 9.1、底径 11.3、高 20.1 厘米（图六三，3；彩版九五，2）。

M10：41，无盖。形制与 M10：32 基本相同，唯器表无纹饰且尺寸较小。口径 9.7、底径 11.9、高 20.9 厘米（图六三，4；彩版九五，3）。

M10：43，无盖。形制与 M10：32 基本相同，唯器表无纹饰且尺寸较小。口径 9.5、底径 11.7、高 21.3 厘米（图六三，5；彩版九五，4）。

M10：44，无盖。形制与 M10：32 基本相同，唯器表无纹饰且尺寸较小。口径 9.6、底径 11.7、高 21.7 厘米（图六三，6；彩版九六，1）。

2. 灰陶器

21 件。主要分布于西边箱与北边箱内。器形为鼎、盒、壶、罐、勺、钵。

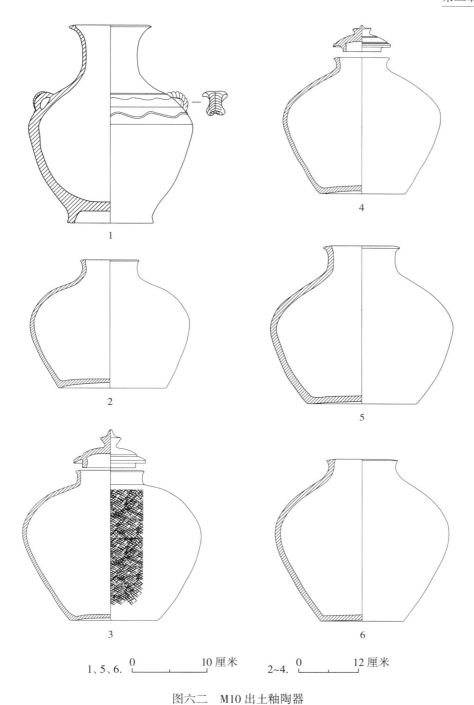

图六二　M10 出土釉陶器

1. 壶（M10：35）　　2~6. 罐（M10：31~M10：33、M10：40、M10：34）

（1）鼎

4 件。出土于西边箱内。形制相同。

M10：28，钵形器盖。器身子母口，尖圆唇，侈口，深弧腹，圜底近平，三兽蹄足。素面。盖径 21.7、盖高 7、器身口径 18.9、合盖通高 27.4 厘米（图六四，1）。

M10：19、M10：26、M10：27 共 3 件，尺寸与 M10：28 相同。

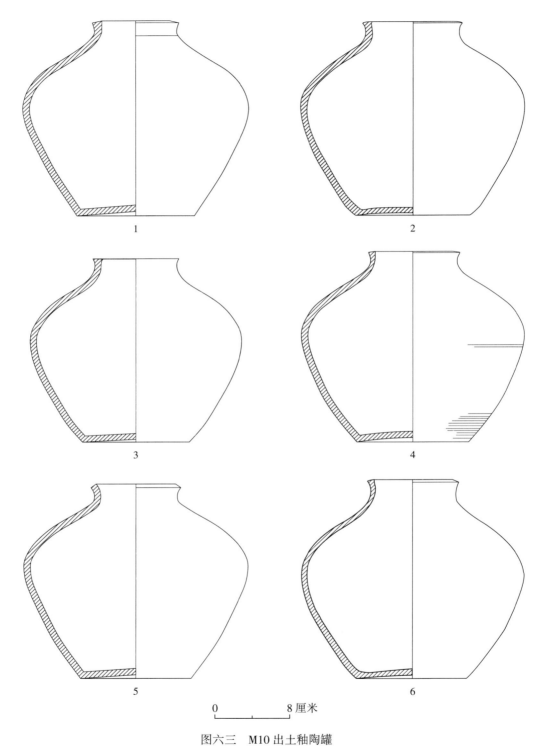

图六三　M10 出土釉陶罐

1. M10：38　2. M10：36　3. M10：39　4. M10：41　5. M10：43　6. M10：44

（2）盒

4件。出土于西边箱内。形制相同。

M10：29，碗形盖，圈形捉手。器身子母口，侈口，圆唇，弧腹，平底矮圈足。盖径20、盖高6.7、器身口径18、器身底径9.9、合盖通高17.9厘米（图六四，2）。

M10：23 ~ M10：25共3件，尺寸与M10：29相同。

（3）壶

2件。出土于西边箱内。形制相同。

M10：22，残损严重，尚可复原。侈口，平沿，束颈，溜肩，鼓腹，高圈足。素面。口径13.8、底径14.1、复原高32.1厘米（图六四，3）。

M10：21，尺寸与M10：22相同。

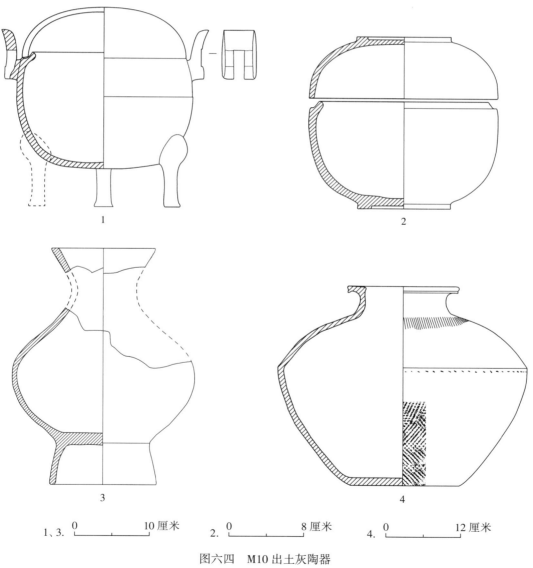

1、3. ┠─────────┨ 0　　　　　10厘米　　　2. ┠─────────┨ 0　　　　8厘米　　　4. ┠─────────┨ 0　　　　12厘米

图六四　M10出土灰陶器

1. 鼎（M10：28）　2. 盒（M10：29）　3. 壶（M10：22）　4. 罐（M10：60）

（4）罐

9件。均出土于北边箱内。形制相同。

M10：60，敛口，斜平沿，束颈，鼓肩，折腹，下腹斜收，平底。下腹部饰拍印绳纹。口径17.8、底径17.3、高32.6厘米（图六四，4；彩版九六，2）。

M10：57，敛口，斜平沿，束颈，鼓肩，折腹，下腹斜收，平底。下腹部饰拍印绳纹。口径17、底径13.1、高32.2厘米（图六五，1；彩版九六，3）。

M10：64，敛口，斜平沿，束颈，鼓肩，折腹，下腹斜收，平底。下腹部饰拍印绳纹。口径17、底径13.1、高32.2厘米（图六五，2；彩版九六，4）。

M10：58，敛口，斜平沿，束颈，鼓肩，折腹，下腹斜收，平底。下腹部饰拍印绳纹。口径17、底径15.6、高32.7厘米（图六五，3；彩版九七，1）。

M10：59，敛口，斜平沿，束颈，鼓肩，折腹，下腹斜收，平底。下腹部饰拍印绳纹。口径16.4、底径12.8、高32.2厘米（图六五，4；彩版九七，2）。

M10：53、M10：61 ~ M10：63共4件，形制、尺寸与M10：60相同。

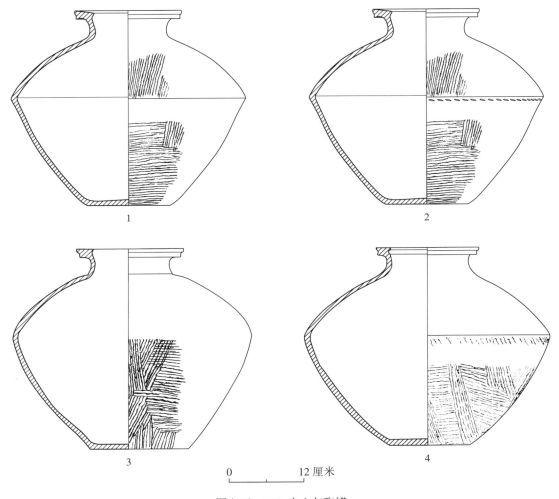

0 _____ 12厘米

图六五　M10出土灰陶罐

1. M10：57　2. M10：64　3. M10：58　4. M10：59

（5）勺

1件。

M10：20，出土于西边箱内。残损严重，未能复原，形制、尺寸不明。

（6）钵

1件。

M10D1：5，出土于盗洞内（彩版九七，3）。

第七节　11号墓

一　封土与墓葬结构

M11位于陵园内北部，与M12、M13、M14组成一列由南向北依次排列，位于此列墓葬的最南端（图六六；彩版九八，1）。

在近年来的采石过程中，施工方对M11封土所在区域地表杂土进行推平处理，加之M11所在区域地表被改造为运送碎石的卡车通道，因此在对M11进行考古发掘前，该墓地表原有的覆斗形封土已基本不存。去除表土后发现，M11原有封土下当有石块堆积遗迹，惜现场仅发现零星石块，推测这些石块可能与标识封土底部南边与东边的边界有关。

墓葬为长方形竖穴岩坑墓，墓坑开口于①层表土下。开口平面呈长方形，长7.5、宽5.6、深5.8米，方向2°（图六六）。

墓坑填土为五花土，夯层明显，开口面以下约1米处，填土内堆砌有一层积石。积石层石块大小不一，整体呈水平状。从墓坑西南角斜坡状积石堆积几乎延续到墓坑开口面这一现象可知，该层积石在进入填土时，曾利用墓坑西南角整体倒入（彩版九八，2；九九，1、2；一〇〇，1、2）。

墓葬早期遭遇严重盗扰，坑内填土已层次不明，积石层中部有明显扰动痕迹。因盗扰严重，坑内棺椁痕迹荡然无存，棺椁形制与尺寸均不明。

二　出土遗物

尽管该墓早期盗扰严重，但墓坑底部仍出土了部分遗物。器物出土现状与位置表明，该墓棺椁结构遭遇整体破坏扰动后，所余部分陶器被随意丢弃于墓坑东南角。经仔细清理，仅在墓室底部发现陶器5件。

5件陶器均为灰陶罐。尖圆唇，沿面微内弧，束颈，鼓肩，弧腹，平底。肩部两侧各有一牛鼻耳。颈部与下腹部拍印绳纹。

M11：4，侈口。口径17.6、底径9.4、高25.2厘米（图六七，1）。

M11：5，侈口。口径16.8、底径9.6、高24.4厘米（图六七，2；彩版一〇一，2）。

M11：1～M11：3共3件，皆为绳纹灰陶罐，因残损严重，形制与具体尺寸不明。

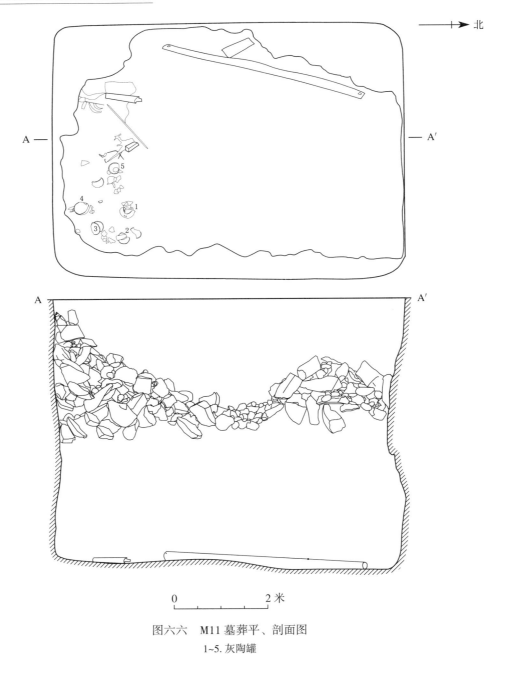

图六六　M11 墓葬平、剖面图
1~5.灰陶罐

第八节　12 号墓

一　封土与墓葬结构

M12 位于陵园内北部，与 M11、M13、M14 组成一列由南向北依次排列，M12 位于 M11 与

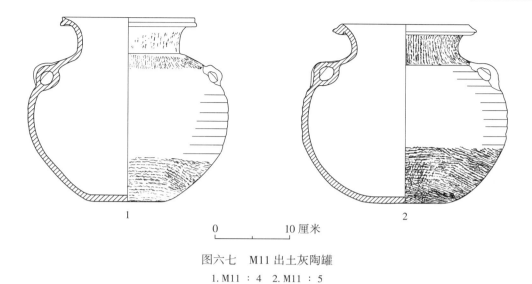

图六七　M11 出土灰陶罐
1. M11：4　2. M11：5

M13 之间。

　　发掘前，该墓地表覆斗形封土几乎无存。尽管如此，在对该区域布置探方进行细致清理后，仍揭露出一处与封土有关的石块堆积遗迹。该遗迹普遍分布于 M12 封土底部，尤其是封土底径北边与东边，分布有一层明显的石块堆积，石块大小不一，靠近封土底边外侧，石块存在明显整齐划一的堆筑痕迹。

　　该石块堆积遗迹平面呈正方形，方向 2°，当为该墓封土底边的标识范围。石块堆积南北长 14、东西宽 10 米（图六八；彩版一〇一，1）。

　　墓坑位于封土底平面中心，为竖穴岩坑，开口于①层表土下。墓坑开口平面呈长方形，南北长 6.7、东西宽 5.2、深 3.8 米，方向 2°。墓坑填土为五花土，夯层明显，每层厚约 0.1 米（图六八；彩版一〇二，1、2）。

　　M12 葬具为一棺一椁。椁室位于墓坑底部正中，木质结构均已朽，仅存痕迹。椁室南北长 3.6、

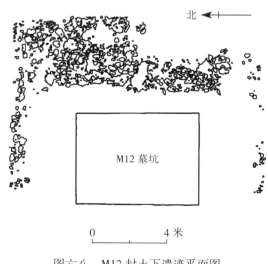

图六八　M12 封土下遗迹平面图

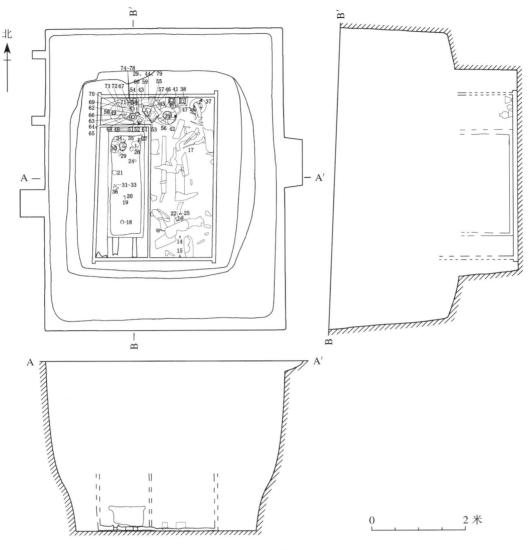

图六九　M12 墓葬平、剖面图

14、15、19、22、25. 铜环　16、17. 漆马　18、45、46、73~78. 漆耳杯　20. 铜钱　21、52、62、68、69. 灰陶钵　24. 漆器　26. 铜镜　27、30、47、48. 漆奁　29、44、79. 铜盆　31~33. 铜印章　34、35. 琉璃器　36. 银带钩　37、39. 釉陶锺　38、41. 釉陶钫　42、43. 釉陶盆　49、70~72. 漆盘　50. 漆案　51、66. 釉陶卮　53. 釉陶匜　54. 釉陶罐　55、63. 釉陶壶　56、59. 釉陶鼎　57. 灰陶罐　58. 釉陶熏　60、64、65. 釉陶勺　61、67. 釉陶盒

东西宽 2.5 米，高度不明。椁室分为棺室、东边箱、北边箱三部分。漆棺木质结构均朽，唯外侧黑漆尚存，南北长 2.3、东西宽 0.9 米。棺内出土银带钩、铜镜、印章等精美文物。北边箱东西长 2.4、南北宽 0.6 米，箱内未遭盗扰，出土鼎、盒、壶、钫等各类陶器。东边箱南北长 2.9、东西宽 1.3 米，出土明器漆马 2 件（图六九；彩版一〇三~一〇五）。

二　出土遗物

M12 未经盗扰，共出土各类遗物 76 件，包括铜器、银器、漆器、琉璃器、陶器。

（一）铜器

17 件（组）。器形有盆、镜、刷、环、印章、半两钱。

1. 盆

3 件。均出土于北边箱内，形制不同。

M12：44，敞口，宽平斜沿，弧腹，平底内凹。上腹部刻有两处铭文，一处为"淳于氏"，另一处为"淳于氏。容石重七斤五两"。口径 48、底径 24、高 16.9 厘米（图七〇，1；彩版一〇六，1 ~ 3）。

M12：79，敞口，宽平斜沿，束颈，鼓腹，平底。口径 24.1、底径 7.5、高 7.3 厘米（图七〇，2）。

M12：29，形制与 M12：79 相同，唯尺寸较小且底部残缺。口径 17.2、残高 3.2 厘米（图七〇，3）。

2. 镜

2 件。出土于棺内。均为蟠螭纹镜。圆形，三弦纽，圆形纽座。

M12：26，座外饰地纹及凹面圈带各一周，地纹由涡纹及三角云雷纹组成，其外饰两周波折纹，四株三叠状花瓣纹分饰四区，其间分饰四组蟠螭纹。宽素缘，缘边上卷。镜面平直。镜面直

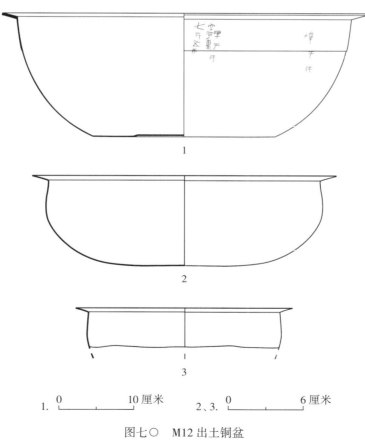

图七〇　M12 出土铜盆

1. M12：44　2. M12：79　3. M12：29

径 13.8、纽高 0.45、纽宽 1.3、肉厚 0.2 厘米（图七一，2；彩版一〇七，1、2）。

M12 : 30-6，座外饰两组龙纹，外饰两周短斜线纹，其外有一周铭文，且以鱼纹为句首尾间隔。外饰两周短斜线纹，其间以四株三叠状花瓣纹分饰四区，间饰蟠螭纹为四组主纹，并以涡纹及三角云雷纹为地纹。铭文为"大樂未央，長相思，慎毋相忘"。宽素缘，缘边上卷。镜面平直。镜面直径 13.7、纽高 0.8、纽宽 1.3、肉厚 0.2 厘米（图七一，1；彩版一〇八，1 ~ 3）。

3. 刷

3 件。分为 A、B 两型。

A 型　1 件。"一"字形刷。

M12 : 30-10，刷毛已朽，顶部有一圆形穿孔，下部为圆柱形柄，柄端为圆形銮。通长 3.8、銮径 0.3 厘米（图七二，1）。

B 型　2 件。烟斗形刷。

M12 : 30-8，由两个铜构件组成，中间以木质圆柄相连，现仅存一个铜构件。一端上翘为圆形銮，銮内刷毛已朽。器长 3.2、銮径 0.9 厘米（图七二，2；彩版一〇九，1）。

M12 : 30-9，形制与 M12 : 30-8 相同。器长 2.9、銮径 0.7 厘米（图七二，3）。

4. 环

5 件。

M12 : 14，出土于东边箱内。椭圆形，环身截面呈半圆形。长径 2.9、短径 2.2、厚 0.35 厘米（图七二，4；彩版一〇九，2）。

M12 : 15，出土于东边箱内。圆形，环身截面呈圆形。直径 2.6、厚 0.35 厘米（图七二，5；彩版一〇九，3）。

M12 : 19，出土于棺内南部。圆形，环身截面呈椭圆形。直径 1.8、厚 0.25 厘米（图七二，6；彩版一〇九，4）。

M12 : 22，出土于东边箱内。圆形，环身截面呈圆形。直径 4、厚 0.4 厘米（图七二，7）。

M12 : 25，形制、尺寸与 M12 : 22 相同（彩版一〇九，5）。

5. 印章

3 件。均出土于棺内。

M12 : 31，桥形纽，方形印面，印文阴刻，惜字体不清。印面边长 1.2、高 0.9 厘米（图七三，1；彩版一一〇，1、2）。

M12 : 32，双面印，方形，侧面有一穿孔，正面印文"淳于嬰兒"，背面印文"姜勝適"，均为阴文篆书，字体规整。印面边长 1.5、器高 0.5 厘米（图七三，2；彩版一一〇，3、4）。

M12 : 33，鼻形纽，方形印面，印文阴刻"信印"，字体规整。印面边长 1.1、器高 1 厘米（图七三，3；彩版一一〇，5、6）。

6. 半两钱

1 组。

M12 : 20，4 件，出土于棺内南部。钱径 2.5 ~ 3、穿 1 厘米（图七二，8；彩版一〇九，6）。

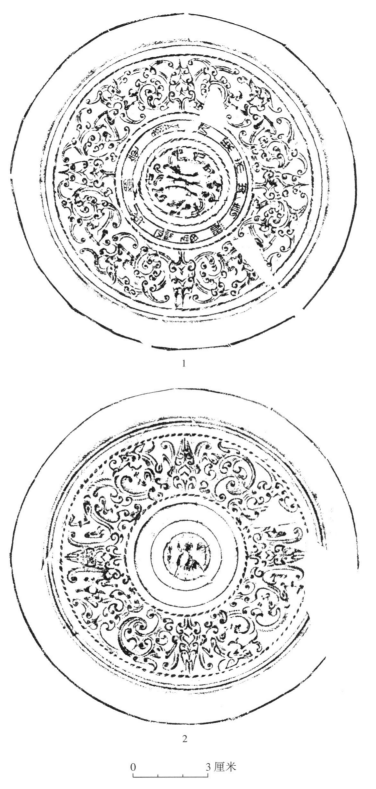

1

2

0 ————— 3厘米

图七一　M12 出土铜镜拓本

1. M12 ∶ 30–6　2. M12 ∶ 26

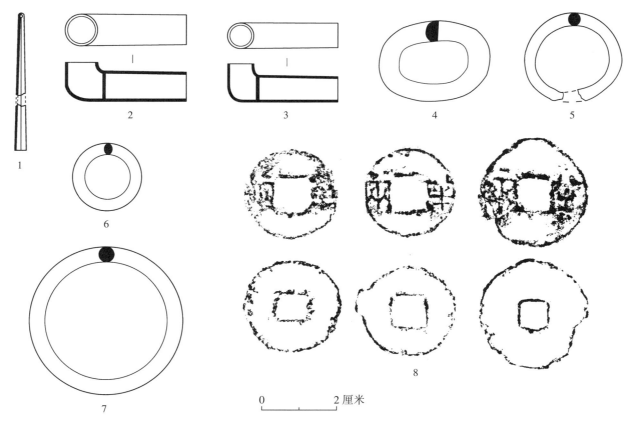

图七二　M12 出土铜器及拓本

1. A 型刷（M12：30-10）　2、3. B 型刷（M12：30-8、M12：30-9）　4~7. 环（M12：14、M12：15、M12：19、M12：22）
8. 半两钱（M12：20）拓本

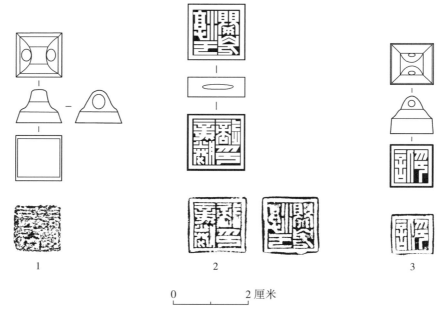

图七三　M12 出土铜印章及拓本

1. M12：31　2. M12：32　3. M12：33

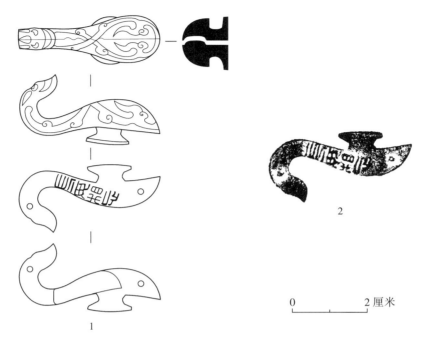

图七四　M12 出土银带钩（M12 ： 36）及拓本
1. 带钩　2. 带钩内侧铭文"长毋相忘"拓本

（二）银器

1 件。为带钩。

M12 ： 36，出土于棺内。器呈龙首形，器表以错银工艺通饰云气纹。龙首向后呈钩，腹下饰一圆纽外凸。带钩左右可以分开，两侧合铸铭文"长毋相忘"，且可以榫卯暗合。整器纹样精细，制作工整。器长 3.7、高 1.8 厘米（图七四，1、2；彩版一一一，1 ~ 3）。

（三）漆器

21 件。器形有耳杯、盘、奁、案。

1. 耳杯

9 件。除 M12 ： 18 出土于棺内南部外，其余均出土于北边箱内。均为夹纻胎。依形制差异分为两型。

A 型　7 件。

M12 ： 77，椭圆形口，耳缘上翘，弧腹，平底。器外及器内近口沿处通髹黑漆，耳面朱绘两道弦纹夹饰云气纹，外口沿与耳面外侧朱绘两道弦纹，夹饰云气纹。内腹壁及内底通髹朱漆，素面。器口径长 15.2、连耳宽 10.5、底径长 8.2、底径宽 4.1、高 4.8 厘米（彩图四〇；彩版一一二）。

M12 ： 76，形制、纹样与 M12 ： 77 相同，唯尺寸略大。此外，器外腹部针刻铭文"淳于"。器口径长 17.2、连耳宽 11.7、底径长 10、底径宽 5.4、高 5.4 厘米（彩图四一；彩版一一三，1、2）。

M12：75，形制与 M12：77 相同，通体素面。器口径长 14.6、连耳宽 10.5、底径长 8、底径宽 5.1、高 4.6 厘米（彩图四二；彩版一一四，1）。

M12：45、M12：46、M12：73、M12：74 共 4 件，形制、尺寸、纹样与 M12：75 相同。

B 型　2 件。椭圆形口，耳缘上翘，弧腹，平底。器外及器内近口沿处通髹黑漆，耳面朱绘两道弦纹夹饰云气纹，外口沿与耳面外侧朱绘两道弦纹夹饰朱绘云气纹。内腹壁及内底通髹红褐漆，素面。内底中心朱漆铭文"常幸"，外腹针刻铭文"王口"。

M12：18，器口径长 11.6、连耳宽 9.3、底径长 6.7、底径宽 3.8、高 2.9 厘米（彩图四三；彩版一一五，1、2）。

M12：78，器口径长 11.6、连耳宽 9.3、底径长 6.8、底径宽 3.8、高 2.9 厘米（彩图四四；彩版一一四，2）。

2. 盘

4 件。均出土于北边箱西部。依形制差异分为两型。

A 型　3 件。

M12：72，夹纻胎。敞口，斜平沿，弧腹，平底。沿面与外沿髹黑漆，沿面饰两道朱绘弦纹夹饰水波纹与朱漆点纹组合。盘外髹黑漆，近底处朱绘一道弦纹，腹部饰四组对称变形鸟纹（IB 纹）。内沿髹黑漆，朱绘两道弦纹及四组对称变形鸟纹（IB 纹）。盘内髹朱漆。内底髹黑漆，中心朱绘三组云气纹，对称分布，外饰两道朱绘弦纹夹饰云气纹。口径 19.8、底径 9.8、高 3.2 厘米（彩图四五）。

M12：49、M12：70，形制及尺寸与 M12：72 相同。

B 型　1 件。

M12：71，大平底，浅盘。口沿与腹部残缺，仅余底部。内底髹黑漆，中心朱绘两组对称云气纹，外饰朱绘圈带纹一周，其外饰两道弦纹及四组对称变形鸟纹（BB 纹）。底径残长 11.2 厘米（彩图四六）。

3. 奁

4 件。均为夹纻胎。

M12：30，出土于棺内北部。圆形大奁。盖顶饰三道出筋，正面通髹黑漆。盖顶外腹壁髹黑漆，素面。盖顶反面中心髹黑漆，余髹朱漆。内腹壁近口沿处髹黑漆，余髹朱漆。器身外壁与外底通髹黑漆，素面。内壁近口沿处髹黑漆，余髹朱漆。盖径 17.8、盖高 7.8、器身口径 17、器身高 7 厘米（彩图四七）。

大奁内装五子小奁，其盖与器身外壁均髹黑漆，内壁髹朱漆，皆素面（彩图四八）。

M12：30-1，马蹄形奁。盖顶为平顶，周边呈坡状。盖身长 8.3、宽 5.7、高 3.9 厘米，器身长 7.8、宽 5.2、高 3.2 厘米（彩图四九，1）。

M12：30-2，椭圆形奁。盖身长径 7、短径 3.6、高 3.3 厘米，器身长径 6.5、短径 3.2、高 3.2 厘米（彩图四九，2）。

M12：30-3，椭圆形奁。盖身长径 6.4、短径 3.7、高 3.1 厘米，器身长径 6、短径 3.4、高 2.7 厘米（彩图五〇，1）。

M12：30-4，小圆形奁。盖径 5.3、盖高 3.2、器身口径 4.8、器身高 2.9 厘米（彩图五〇，2）。

M12：30-5，大圆形奁。盖径 8.5、盖高 4.4、器身口径 8、器身高 4.1 厘米（彩图五〇，3）。

除五个小奁外，M12：30 内还出土铜镜 1 件、铜刷 3 件、琉璃饰 9 件，描述见铜器与琉璃器部分。

M12：27，椭圆形奁。出土于棺内东北部。器盖与器身外壁通髹黑漆，内壁通髹朱漆，皆素面。器盖长径 8.2、短径 4.4、高 4 厘米，器身长径 7.8、短径 4、高 3.5 厘米（彩图五一）。

M12：48，长方形奁。出土于棺内北部。盖身盝顶，盖顶外壁髹黑漆，顶部中心饰两道针刻弦纹，内饰针刻云气纹，四面斜坡饰四道弦纹，由上至下第二、三道弦纹间夹饰针刻篦纹与三角填线纹、菱形纹组合。器身外壁髹黑漆，饰四道弦纹，由上至下第二、三道弦纹间夹饰朱漆点纹。盖顶与盖身内壁通髹朱漆，素面。器身外壁髹黑漆，近底处饰四道弦纹，由上至下第二、三道弦纹间夹饰朱漆点纹。器身内壁与内底通髹朱漆，素面。盖身长 17.4、宽 3.5、高 3.4 厘米，器身长 16.8、宽 3、高 2.9 厘米（彩图五二；彩版一一六，1、2）。

M12：47，椭圆形奁。出土于椁内北部，惜整体残损严重，纹样与尺寸无法复原。

M12：27、M12：47、M12：48 共 3 件，当为棺内另一件多子奁内的小奁，多子奁及其他小奁基本朽尽，具体尺寸纹饰不明。

4. 案

1 件。

M12：50，出土于北边箱内。出土时，器物残损严重，仅可辨识器形，纹饰、尺寸皆不明。

5. 马

2 件。

M12：16、M12：17，皆出土于东边箱。出土时胎体朽尽，仅存部分漆皮尚可辨识，尺寸不明。两件漆马当为东边箱内模型马车的组成部分。

6. 残器

1 件。

M12：24，出土于棺内北部。木胎，残损严重，似为器盖，仅存中心部分。器表通髹黑漆，顶心饰三组对称云气纹，外饰五道弦纹，由内至外第三、四道弦纹间夹饰篦纹与三角纹组合。器内壁通髹朱漆，素面。器径残长 5.4、残高 1.3 厘米（彩图五三；彩版一一四，3）。

（四）琉璃器

11 件。皆为饰件。依形制差异分为 A、B 两型。

A 型　1 件。圆柱形。

M12：30-7，出土于棺内。器高 1、底径 0.6 厘米（图七五，1）。

B 型　10 件。八棱柱形。

M12：30-11，出土于漆奁内。器高 1.4、顶径 0.7、底径 0.8 厘米（图七五，2；彩版一一一，4）。

M12：30-16，出土于漆奁内。器高 1、顶径 0.6、底径 0.7 厘米（图七五，3）。

M12：34，出土于棺内。器高 1.5、顶径 0.7、底径 0.8 厘米（图七五，4）。

M12：30-12～M12：30-15、M12：30-17、M12：30-18 及 M12：35 共 7 件，形制、尺寸与 M12：30-11 相同（彩版一一一，4）。

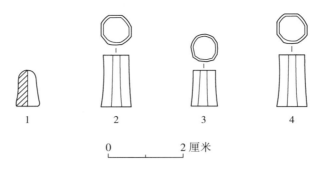

图七五　M12 出土琉璃饰

1. A 型（M12：30-7）　2~4. B 型（M12：30-11、M12：30-16、M12：34）

（五）陶器

26 件。分为釉陶器和灰陶器两类。

1. 釉陶器

20 件。器形有鼎、盒、罐、钫、锺、壶、匜、盆、卮、勺、熏，均出土于北边箱内。

（1）鼎

2 件。均出土于北边箱。形制相同。

M12：56，钵形器盖，中部饰凹弦纹。盖上立三纽，纽下部带圆形穿。器身子母口，方唇敛口，弧鼓腹，中部起一周凸棱，圜底，三蹄足。口沿下有一对长方形附耳，上饰凸起卷云纹；足外侧亦饰卷云纹。盖径 18.8、盖高 5.5、器身口径 16、合盖通高 19.9 厘米（图七六，1；彩版一一七，1）。

M12：59，钵形器盖，中部饰凹弦纹。盖上立三纽，纽下部带圆形穿。器身子母口，圆唇敛口，弧鼓腹，中部起一周凸棱，圜底，三蹄足。口沿下饰一对长方形附耳，上饰凸起卷云纹；足外侧亦饰卷云纹。盖径 18.9、盖高 5.5、器身口径 16.3、合盖通高 19.8 厘米（图七六，3；彩版一一七，2）。

（2）盒

2 件。均出土于北边箱西部。形制相同。

M12：61，钵形盖，圈形捉手，中部饰凹弦纹。器身子母口，内敛，圆唇，弧腹，平底矮圈足。盖径 20.6、捉手径 7.5、盖高 5.8、器身口径 17.6、合盖通高 17.2 厘米（图七六，2；彩版一一七，3）。

M12：67，钵形盖，圈形捉手，中部饰凹弦纹。器身子母口，内敛，圆唇，弧腹，平底矮圈足。盖径 18.9、捉手径 6.8、盖高 5、器身口径 16.6、合盖通高 17.5 厘米（图七六，4；彩版一一七，4）。

（3）罐

1 件。

M12：54，出土于北边箱西部，敛口，束颈，折肩，弧腹，平底内凹。口径 11.5、底径 11.6、高 20.4 厘米（图七六，6；彩版一一八，1）。

（4）钫

2 件。均出土于北边箱东部。形制相同。

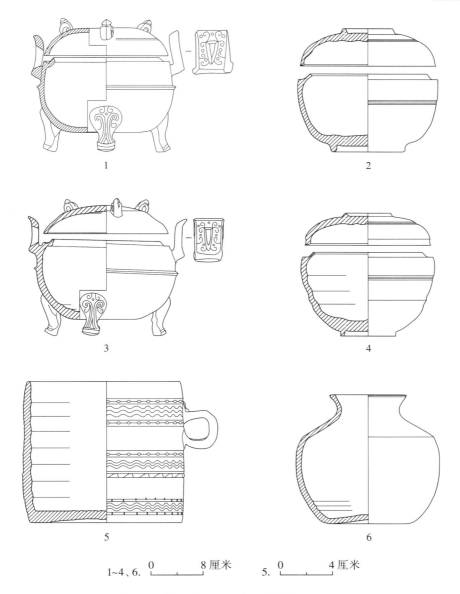

1~4、6. 0 ___ 8厘米   5. 0 ___ 4厘米

图七六　M12 出土釉陶器

1、3. 鼎（M12：56、M12：59）　2、4. 盒（M12：61、M12：67）　5. 卮（M12：66）　6. 罐（M12：54）

　　M12：38，盖做盝顶式，顶部四角各饰一纽。器身侈口，平沿，束颈，斜肩，鼓腹，下腹斜收，圈足外撇。上腹两侧各饰一铺首衔环。盖口径 9.2、高 7.7 厘米，器身口径 14.2、底径 15.2、合盖通高 46.5 厘米（图七七，1；彩版一一八，2）。

　　M12：41，尺寸与 M12：38 相同（彩版一一八，3）。

　　（5）锺

　　2 件。均出土于北边箱。形制相同。

　　M12：39，盖身扁平，上饰三纽，纽下带圆形穿。器身子母口，圆唇内敛，直束颈，斜肩，鼓腹，下腹斜收，圈足外撇。肩与上腹部饰四组凹弦纹，间饰戳点纹与水波纹。此外，肩两侧各饰一蕉叶纹半环耳，耳两侧各饰两"S"形贴饰。盖口径 14、高 8.6 厘米，器身口径 17.7、底径 22.8、合

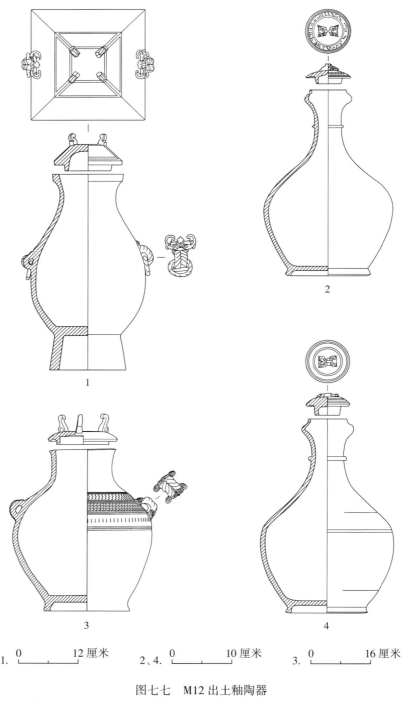

1. ┠──────┨ 12 厘米

2、4. ┠──────┨ 10 厘米

3. ┠──────┨ 16 厘米

图七七 M12 出土釉陶器

1. 钫（M12：38） 2、4. 壶（M12：63、M12：55） 3. 锺（M12：39）

盖通高 52.2 厘米（图七七，3；彩版一一八，4）。

M12 : 37，尺寸与 M12 : 39 相同（彩版一一九，1）。

（6）壶

2 件。均出土于北边箱。

M12 : 63，盖身扁平，顶心饰铺首状凸纽，盖身正面饰戳点纹与凹弦纹。器身子母口，尖圆唇侈口，沿下外鼓，束长颈，中部起一周凸棱，溜肩，鼓腹，下腹斜收，圈足。盖口径 4、高 3.4 厘米，器身口径 6、底径 13.4、合盖通高 34.4 厘米（图七七，2；彩版一一九，3、4）。

M12 : 55，形制与 M12 : 63 基本相同，唯器盖顶面未见戳点纹。盖径 4.1、高 3.9 厘米，器身口径 6.4、底径 12.8、合盖通高 35.4 厘米（图七七，4；彩版一二〇，1、2）。

（7）匜

1 件。

M12 : 53，出土于北边箱中部。器平面呈圆角长方形，直口，上腹较直，下腹弧收，矮圈足。一侧流向上仰起，断面呈"凹"字形，流底下凹。另一侧贴饰铺首衔环。上腹部饰水波纹与戳点纹组合。器通长 29、宽 27、高 13、流口宽 6.1 厘米（图七八，1；彩版一一九，2）。

（8）盆

2 件。形制不同。

M12 : 42，敞口，微卷沿，斜弧腹，平底内凹。口径 47、底径 17.2、高 23 厘米（图七八，2；彩版一二一，1）。

M12 : 43，敞口，斜沿，折腹斜收，平底内凹。口径 44.4、底径 26、高 13 厘米（图七八，3；彩版一二〇，3；彩版一二一，2）。

（9）卮

2 件。形制相同。

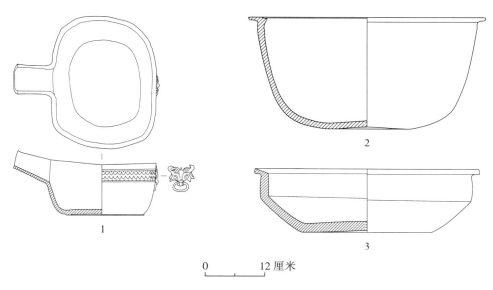

0　　　　　12 厘米

图七八　M12 出土釉陶器

1. 匜（M12 : 53）　2、3. 盆（M12 : 42、M12 : 43）

M12：66，圆筒形，直口，圆唇，一侧饰一鋬耳，平底内凹。器表饰三组水波纹和戳点纹组合。口径 11.5、底径 11.4、高 11.1 厘米（图七六，5；彩版一二一，3）。

M12：51，形制与 M12：66 相同。口径 11.6、底径 11.4、高 11.1 厘米（彩版一二一，4）。

（10）勺

3 件。形制不同。

M12：60，斗呈圆筒形，口沿外壁饰凹弦纹。棍形长柄，柄端呈扁平状。斗宽 6.4、连柄通高 22.2 厘米（图七九，1；彩版一二一，5）。

M12：65，斗面呈椭圆形，浅腹圜底。棍形长柄，截面呈八棱形。斗宽 11.2、连柄通高 28.8 厘米（图七九，2；彩版一二一，6）。

M12：64，尺寸与 M12：65 相同（彩版一二一，7）。

（11）熏

1 件。

M12：58，器盖呈扁圆形，顶部装饰复杂，纹饰分为三层。顶层饰一蹲坐形鸟，下饰圆形镂孔。中层贴饰三鸟首及圆形镂孔。底层饰三个三角形镂孔。盖面饰两圈戳点纹，中间夹饰“中”字形镂孔及三角形镂孔各四个。器身子母口，敛口，圆唇，近直腹下折，下腹斜收，喇叭形圈足。上腹部饰水波纹与凹弦纹。盖径 21.6、盖高 16.7、器身口径 16.9、底径 15.8、合盖通高 32.6 厘米（图七九，3；彩版一二二，1、2）。

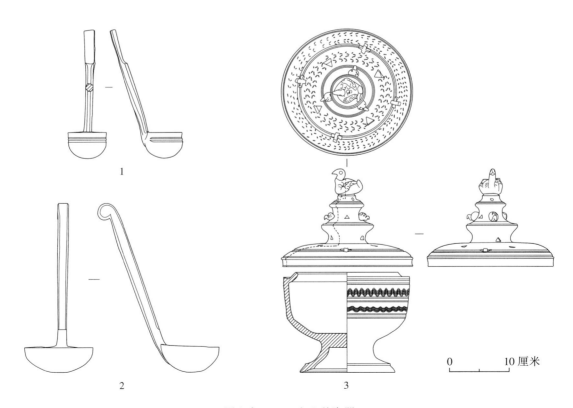

图七九　M12 出土釉陶器

1、2. 勺（M12：60、M12：65）　3. 熏（M12：58）

2.灰陶器

6件。器形有罐、钵。

（1）罐

1件。

M12 ： 57，出土于北边箱内，敛口，圆唇，束颈，鼓腹斜收，平底内凹。口径12、底径11、高16.6厘米（图八〇，1；彩版一二二，3）。

（2）钵

5件。除M12 ： 21出土于棺内中部外，其余均出土于北边箱。形制基本相同，唯尺寸略有差异。

M12 ： 62，侈口，圆唇，短颈，鼓肩，斜腹，平底。口径9.7、底径5.3、高5.4厘米（图八〇，2；彩版一二二，4）。

M12 ： 21，口径8.4、底径4.6、高6厘米（图八〇，3；彩版一二三，1）。

M12 ： 52，口径6.6、底径4.3、高6.3厘米（图八〇，4；彩版一二三，2）。

M12 ： 68，口径8.5、底径4.8、高5.2厘米（图八〇，5；彩版一二三，3）。

M12 ： 69，口径9.4、底径5.4、高8厘米（图八〇，6；彩版一二三，4）。

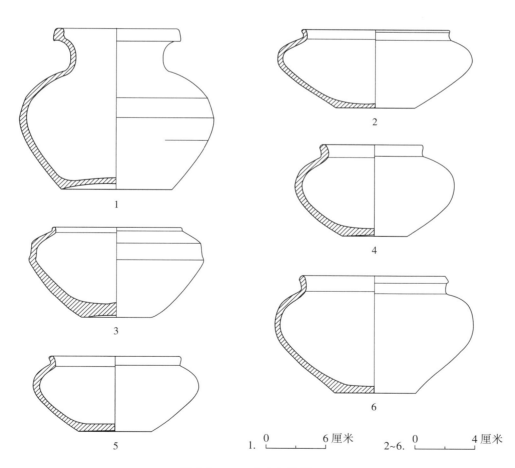

图八〇　M12出土灰陶器

1.罐（M12 ： 57）　2~6.钵（M12 ： 62、M12 ： 21、M12 ： 52、M12 ： 68、M12 ： 69）

第九节 13 号墓

一 封土与墓葬结构

M13 位于陵园内北部，与 M11、M12、M14 组成一列由南向北依次排列，在 M12 与 M14 之间。

发掘前，该墓地表覆斗形封土已几乎无存。尽管如此，在对该区域布置探方进行细致清理后，仍揭露出一处保存清晰且与封土有关的石块堆积遗迹。该遗迹普遍分布于 M13 封土底部，尤其是在封土底径四周有一层明显的石块堆积。石块大小不一，靠近封土底边外侧，石块存在明显整齐划一的堆筑痕迹。

该石块堆积遗迹平面呈正方形，方向 2°，当为该墓封土底边的标识范围。石块堆积每边长 15.8 米（图八一；彩版一二四，1、2）。

墓坑位于封土底平面中心，为竖穴岩坑，开口于①层表土下。墓坑开口平面呈长方形，南北长 6.3、东西宽 4.4、深 4.7 米，方向 2°。墓坑填土为五花土，夯层明显，每层厚约 0.1 米。

M13 葬具为一棺一椁。椁室位于墓坑底部正中，木质结构均已朽，仅存痕迹。椁室南北长 3、东西宽 1.8 米，高度不明。椁室分为棺室与东边箱。漆棺木质结构均朽，仅器表黑色漆皮尚存，南北长 2.3、东西宽 0.8 米。棺内出土漆奁、铜镜等随葬品。东边箱南北长 2.7、东西宽 0.7 米，出土陶器与漆笥等随葬品（图八二；彩版一二五～一二八）。

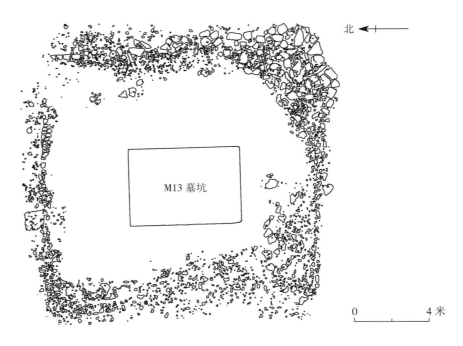

北 ←

M13 墓坑

0   4 米

图八一 M13 封土下遗迹平面图

北 ←——

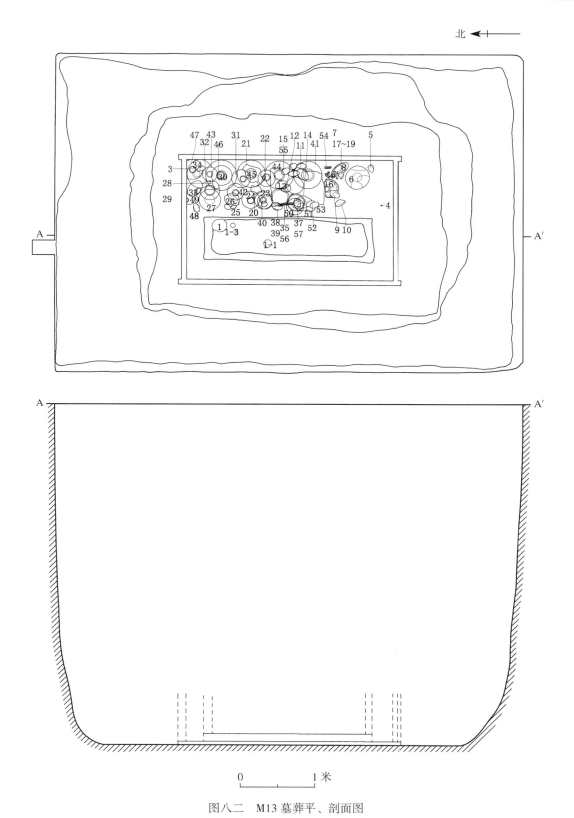

0　　　　1 米

图八二　M13 墓葬平、剖面图

1.漆奁　2、20.漆卮　3、6、8、14、16、27、29.漆盘　4、54.铜钱　5、7、9~13、17~19、25、23、38、39、48、51~53.漆耳杯　15、55.漆笥
21.灰陶壶　22~24、30~34、40、42、43.釉陶罐　26、49.釉陶壶　35、56.灰陶盒　36、50.灰陶鼎　37、57.灰陶勺　41、44~47.灰陶罐

二 出土遗物

M13 保存完整，共出土各类遗物 68 件，包括铜器、漆器、陶器。

（一）铜器

13 件（组）。器形有镜、刷、刷柄、钱。

1. 镜

2 件。均出土于棺内。

M13：1-6，蟠螭纹镜。圆形，三弦纽，圆形纽座。座外饰一周凹面圈带，外以四枚桃花形四叶纹纽座乳丁叠压于凹面圈带纹之上且分饰四区，其间以蟠螭纹为主纹间饰其内，以涡纹为地纹。宽素缘，缘边上卷。镜面平直。镜面直径 16.8、纽高 0.6、纽宽 1.7、肉厚 0.18 厘米（图八三，1；彩版一二九，1 ～ 3）。

M13：1-7，花卉镜。圆形，兽形纽，圆形纽座。座外饰一周凹面方格纹，其外饰一周铭文及单线方格。方格四角各饰一八尖角纹底座乳丁，其间分饰花卉纹；外饰一周二十四内向连弧纹及一周短斜线纹。铭文为"视父如帝，视母如王，爱其弟敬其兄，忠信以为常，有君子之方"。宽素缘，缘边上卷。镜面平直。镜面直径 18.3、纽高 0.8、纽宽 2.6、肉厚 0.27 厘米（图八三，2；彩版一三〇，1 ～ 3）。

2. 刷

8 件。依形制不同，分为 A、B、C 三型。

A 型 5 件。"一"字形刷。

M13：1-10，刷毛已朽，顶部饰一圆形穿孔，下部为圆柱形柄，柄端为圆形鋬。整器通长 3.4、鋬径 0.5 厘米（图八四，1；彩版一三一，1）。

M13：1-11 ～ M13：1-14 共 4 件，形制、尺寸与 M13：1-10 相同（彩版一三一，1）。

B 型 2 件。烟斗形刷。

M13：1-16，由两个铜构件组成，中间以木质圆柄相连。一端上翘为圆形鋬，鋬内刷毛已朽。整器通长 8.3、鋬径 1 厘米（图八四，2；彩版一三一，2）。

M13：1-8，形制、尺寸与 M13：1-16 相同（彩版一三一，3）。

C 型 1 件。"山"字形刷。

M13：1-15，刷毛已朽，顶部均为镂空装饰，下部为椭圆形鋬。鋬长 1.9、宽 0.5 厘米，整器通长 3.9、宽 2.8 厘米（图八四，3；彩版一三一，4）。

3. 刷柄

1 件。

M13：1-9，由两个铜构件组成，中间以骨质圆柄相连。刷柄顶端有一穿孔凸纽，整体呈圆柱形，由上至下呈增大趋势，下端为圆鋬。通长 3.6、鋬径 1.2 厘米（图八四，4；彩版一三一，5）。

4. 半两钱

2 件（组）。

1

2

0　　　　　4厘米

图八三　M13 出土铜镜拓本
1. M13：1-6　2. M13：1-7

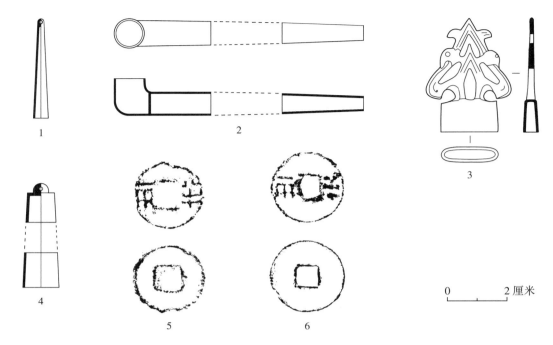

图八四　M13 出土铜器及拓本

1. A 型刷（M13：1-10）　2. B 型刷（M13：1-16）　3. C 型刷（M13：1-15）　4. 刷柄（M13：1-9）　5、6. 半两钱
（M13：4、M13：54）拓本

　　M13：4，1 组（2 件），出土于东边箱。钱径 2.3、穿 1 厘米（图八四，5；彩版一三一，6）。

　　M13：54，一组皆为半两钱，数量较大，约一千枚，集中出土于东边箱南部。清理时，钱皆呈串状放置，钱穿内麻绳痕迹清晰。钱径 2.3、穿 1 厘米（图八四，6；彩版一三一，7）。

　　（二）漆器

　　30 件。器形有耳杯、盘、奁、卮、笥。

　　1. 耳杯

　　18 件。出土于东边箱内，造型基本相同。

　　M13：38，木胎，椭圆形口，耳缘上翘，弧腹，平底。器外及器内近口沿处通髹黑漆，素面。内腹壁及内底通髹朱漆，素面。外底烙印铭文"食官"。器口径长 15.2、连耳宽 10.5 厘米，底径长 8.6、宽 4.1、高 4.8 厘米（彩图五四）。

　　M13：5、M13：7、M13：9～M13：13、M13：17～M13：19、M13：25、M13：28、M13：39、M13：48、M13：51～M13：53 共 17 件，形制、尺寸与 M13：38 相同。

　　2. 盘

　　7 件。依形制差异分为二型。

　　A 型　6 件。均为夹纻胎。

　　M13：8，敞口，平沿，弧腹，平底。沿面与外沿髹黑漆，沿面饰朱绘弦纹及朱漆点纹各一周。盘外髹黑漆，朱绘三道弦纹。内沿髹黑漆，朱绘四道弦纹及四组对称变形鸟纹（IB 纹）。盘内髹朱漆。内底髹黑漆，中心朱绘对称分布的三组云气纹，外饰朱绘弦纹四道及四组对称变形鸟纹（IB

纹）。口径 28.3、底径 16、高 4 厘米（彩图五五）。

M13 : 14，形制、尺寸与 M13 : 8 相同，唯内底纹饰略有差异。内底髹黑漆，中心朱绘两组云气纹，外饰朱绘弦纹三道及四组对称变形鸟纹（BB 纹）。该器内腹中部墨书铭文"食官□"（彩图五六）。

M13 : 16，形制、纹样与 M13 : 8 相同，唯尺寸略有差异。口径 30.2、底径 13.5、高 4.1 厘米（彩图五七；彩版一三二）。

M13 : 3，残损严重，仅存盘底。器表通髹黑漆，素面。器内壁通髹黑漆，中心饰两组对称朱绘云气纹，外饰两道朱绘弦纹。器径残长 9.7 厘米（彩图五八）。

M13 : 6，残损严重，仅存盘底。器表通髹黑漆，盘内髹朱漆。内底中心髹黑漆，中心饰三组对称分布的云气纹，外饰朱绘弦纹四道及四组对称变形几何纹。器底径 17 厘米（彩图五九）。

M13 : 29，形制及尺寸与 M13 : 8 相同。

B 型　1 件。

M13 : 27，大平底，浅盘。口沿与腹部残缺，仅余底部。内底髹黑漆，中心朱绘三组对称云气纹，外饰六道朱绘弦纹，由内至外第四、五道弦纹间夹饰变形鸟纹。底径残长 23.5 厘米（彩图六〇）。

3. 奁

1 件。

M13 : 1，出土于棺内北端。圆形大奁。夹纻胎。盖顶正面通髹黑漆，以两道出筋将顶面纹饰分隔为内、中、外三区。内区顶心针刻云气纹，其外针刻七道弦纹，由内至外第六、七道弦纹间夹饰三角形填线纹。中区针刻四道弦纹，由内至外第一、二道弦纹间夹饰奔鹿云气纹，第三、四道弦纹间夹饰三角形填线纹。外区纹样内容与中区基本相同。盖顶外腹壁髹黑漆，素面。盖顶反面及内腹壁通髹朱漆。器身内壁近底处髹朱漆，余皆髹黑漆。内底中心髹黑漆，外髹朱漆。中心饰针刻云气纹，其外饰四道弦纹。盖径 22.8、盖高 14.5、器身口径 21.6、器身高 14.8、通高 18 厘米（彩图六一、六二）。

大奁内装五子小奁，均为夹纻胎。盖与器身外壁均髹黑漆，内壁髹朱漆。纹饰均以针刻手法绘制（彩图六三）。

M13 : 1-1，大圆形奁。盖顶正面中心针刻云气纹，外饰七道针刻弦纹，由内至外第二、三道弦纹间夹饰篦纹，第六、七道弦纹间夹饰三角形填线纹与篦纹组合。器身外髹黑漆，内髹朱漆，皆素面。盖径 10、盖高 5.5、器身口径 9.5、器身高 4.5 厘米（彩图六四）。

M13 : 1-2，长方形奁。盖为平顶。盖与器身外壁通髹黑漆，内壁通髹朱漆，皆为素面。盖顶长 20.5、盖宽 4.1、盖高 2.8、器身长 20、器身高 3.2 厘米（彩图六五）。

M13 : 1-3，小圆形奁。盖与器身外壁通髹黑漆，内壁通髹朱漆。盖顶正面中心针刻云气纹，外饰三道针刻弦纹。盖身外壁针刻两道弦纹。器身外壁近底处针刻两道弦纹。盖径 5.9、盖高 3.5、器身口径 5.5、器身高 3.2 厘米（彩图六六；彩版一三三）。

M13 : 1-4，椭圆形奁。器身残损，无法复原，仅存器盖。盖顶中心饰针刻云气纹，外饰五道针刻弦纹，由内至外第三、四道弦纹间夹饰梳齿纹。盖长径 8.2、短径 4.4、高 3.6 厘米（彩图六七）。

M13 ：1-5，马蹄形奁。盖为平顶，周边呈坡状。顶面中心针刻云气纹，外饰三道针刻弦纹，坡面及盖身外壁均饰数道针刻弦纹。器身外壁饰三道针刻弦纹。盖身长10.2、盖身宽7.8、盖身高3.8、器身长9.7、器身宽7.3、器身高4厘米（彩图六八）。

除五个小奁外，M13 ：1内还出土铜镜2件、铜刷8件、铜刷柄1件，描述见铜器部分。

4. 卮

2件。

M13 ：2，出土于棺内北部。夹纻胎。器盖残损，仅存器身。器身外髹黑漆，内髹朱漆。外壁近口沿及器底处均饰两道针刻弦纹夹饰篦纹与朱漆点纹组合，腹部饰两道针刻弦纹。外底中部针刻铭文"子"。器身口径11、高6.4厘米（彩图六九）。

M13 ：20，出土于东边箱内。器物残损严重，尺寸不明。

5. 笥

2件。出土于东边箱内。

M13 ：55，夹纻胎，外髹黑漆，内髹朱漆。外饰朱绘弦纹及云气纹。残长17.5、宽12.2厘米（彩图七〇）。

M13 ：15，残损严重，仅可辨明器形，具体尺寸与纹饰不明。

（三）陶器

25件。分为釉陶器和灰陶器两类。

1. 釉陶器

13件。均出土于东边箱内。器形有壶、罐。

（1）壶

2件。

M13 ：26，圆唇内敛，弧沿外凸，束颈，溜肩，鼓腹，圈足。肩部饰凹弦纹与水波纹，两侧各饰一蕉叶纹半环耳。口径10、底径9.6、高26.2厘米（图八五，1；彩版一三四，1）。

M13 ：49，侈口，尖圆唇，束颈，溜肩，鼓腹，圈足。肩部饰凹弦纹与水波纹，两侧各饰一蕉叶纹半环耳。口径9.7、底径10.4、高31.8厘米（图八五，2；彩版一三四，2）。

（2）罐

11件。形制大体相同。

M13 ：22，侈口，方圆唇，短直颈，弧肩，斜腹，平底内凹。口径10、底径15.2、高22.8厘米（图八五，3；彩版一三四，3）。

M13 ：23，直口微敛，方圆唇，短直颈，鼓肩，斜腹，平底内凹。口径9.5、底径11.7、高21厘米（图八五，4；彩版一三四，4）。

M13 ：24，直口微敛，方圆唇，短直颈，鼓肩，斜腹，平底内凹。口径9.5、底径11.7、高21厘米（彩版一三五，1）。

M13 ：30，直口微侈，方圆唇，短直颈，鼓肩，斜腹，平底。口径9.7、底径11.9、高21厘米（图八五，5；彩版一三五，2）。

M13 ：31，直口微侈，方圆唇，短直颈，鼓肩，斜腹，平底。口径9.9、底径12、高20.9厘

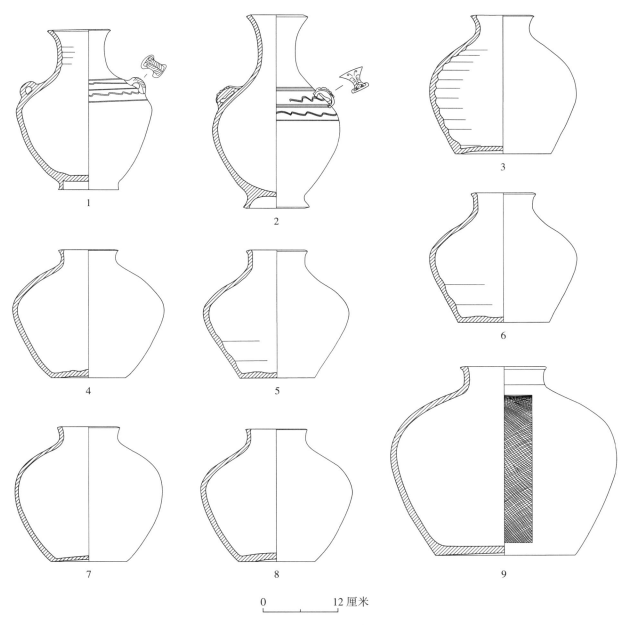

0 ————— 12 厘米

图八五　M13 出土釉陶器

1、2.壶（M13：26、M13：49）　3~9.罐（M13：22、M13：23、M13：30、M13：34、M13：42、M13：43、M13：32）

米（彩版一三五，3）。

M13：34，形制、尺寸与 M13：31 相同（图八五，6；彩版一三五，4）。

M13：33，直口微敛，方圆唇，短直颈，鼓肩，斜腹，平底内凹。口径 10.1、底径 11.7、高 21.3 厘米（彩版一三六，1）。

M13：40，侈口，方圆唇，短直颈，鼓肩，斜腹，平底内凹。口径 10.3、底径 14.8、高 21.5 厘米（彩版一三六，2）。

M13：42，侈口，方圆唇，短直颈，鼓肩，斜腹，平底内凹。口径 9.9、底径 12、高 22.2 厘米（图八五，7；彩版一三六，3）。

M13：43，直口微敛，方圆唇，短直颈，鼓肩，斜弧腹，平底内凹。通体饰方格纹。口径 9.8、底径 12.1、高 21.8 厘米（图八五，8；彩版一三六，4）。

M13：32，器形较大。直口微敛，方圆唇，短直颈，鼓肩，斜弧腹，平底内凹。通体饰方格纹。口径 13.6、底径 22.1、高 31.2 厘米（图八五，9；彩版一三七，1）。

2. 灰陶器

12 件。器形有鼎、盒、壶、罐、勺。

（1）鼎

2 件。形制、尺寸大体相同。

M13：50，盖身残损，无法复原。器身子母口，敛口，深弧腹，平底。长方形附耳，兽蹄足。器身口径 19、高 20.7 厘米（图八六，1；彩版一三七，2）。

M13：36，形制、尺寸与 M13：50 相同（彩版一三七，3）。

（2）盒

2 件。形制、尺寸大体相同。

M13：35，钵形盖，上饰圈足。器身子母口，敛口，弧腹，平底。盖径 20.4、盖底径 13.9、盖高 5.4、器身口径 18.9、器身底径 10.4、合盖通高 16.9 厘米（图八六，2；彩版一三七，4）。

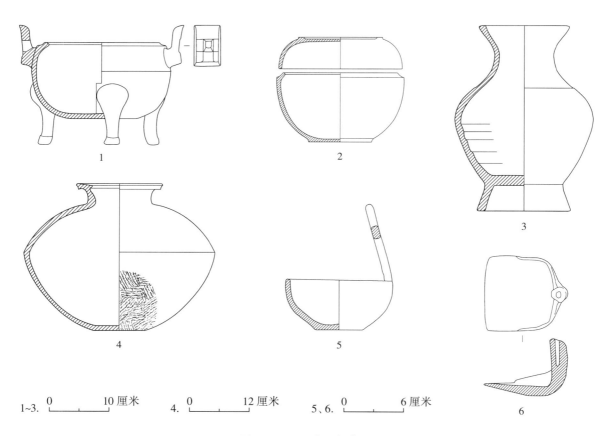

图八六 M13 出土灰陶器

1. 鼎（M13：50） 2. 盒（M13：35） 3. 壶（M13：21） 4. 罐（M13：46） 5、6. 勺（M13：37、M13：57）

M13：56，形制、尺寸与 M13：35 相同。

（3）壶

1 件。

M13：21，侈口，沿面外凸，束颈，溜肩，鼓腹斜收，高圈足外撇。口径 15、底径 15.6、高 32 厘米（图八六，3；彩版一三八，1）。

（4）罐

5 件。形制、尺寸、纹饰大体相同。

M13：46，侈口，斜平沿，短束颈，鼓肩，折腹，下腹弧收，平底。下腹部饰拍印绳纹。口径 17.1、底径 10.3、高 30 厘米（图八六，4；彩版一三八，2）。

M13：41，口径 16.9、底径 10.3、高 32.6 厘米（彩版一三八，3）。

M13：44，口径 16.7、底径 14.3、高 33.2 厘米（彩版一三八，4）。

M13：45，口径 17.1、底径 10.3、高 30.1 厘米（彩版一三九，1）。

M13：47，口径 16.8、底径 14.4、高 33.3 厘米（彩版一三九，2）。

（5）勺

2 件。形制不同。

M13：37，斗呈圆碗形，口沿外侈，平底。短棍形柄。斗径 10.5、连柄通长 12.9 厘米（图八六，5；彩版一三九，3）。

M13：57，斗呈箕形，圆形短柄，顶部饰一銮。斗长 8.2、宽 7.8、连柄通长 5.8 厘米（图八六，6；彩版一三九，4）。

第十节　14 号墓

一　封土与墓葬结构

M14 位于陵园内北部，与 M11 至 M13 组成一列由南向北依次排列，位于此列墓葬的最北端。

发掘前，该墓地表的覆斗形封土几遭完全破坏。在对该区域布探方进行细致清理后，在现场虽未能明确揭露出与封土有关的石块堆积遗迹，但石块堆积遗迹遭破坏后残留的零散石块在表土中出土较多。据此推测，M14 封土下原先当有石块堆积遗迹，惜该遗迹已遭破坏。

墓葬为竖穴岩坑墓，开口平面呈长方形，南北长 5.2、东西宽 4.2、深 2.9 米，方向 2°。墓坑填土为五花土，夯层明显，每层厚约 0.1 米（彩版一四〇，1）。

M14 葬具为一椁一棺。椁室位于墓坑底部正中，木质已朽，仅存痕迹。椁室南北长 2.8、东西宽 2.3 米，高度不明。漆棺置于椁室正中，未见边箱，木质已朽，唯外侧黑漆与内侧朱漆尚部分保存，南北长 2、东西宽 0.7 米。棺内出土漆奁、铜镜等精美文物，陶器主要出土于棺外西侧（图八七；彩版一四〇，2；彩版一四一，1～3）。

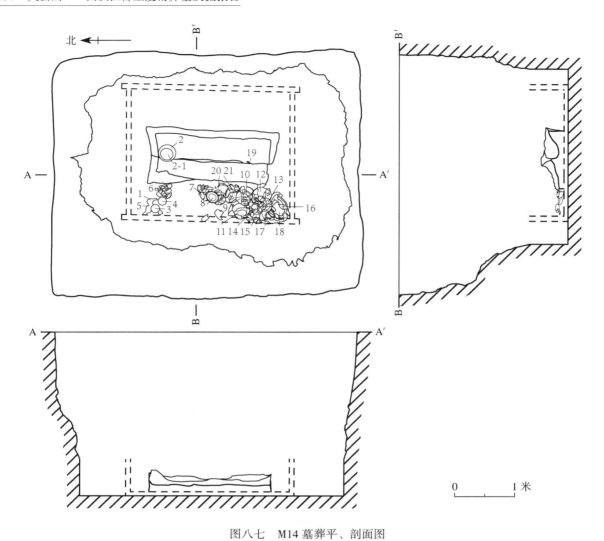

图八七　M14 墓葬平、剖面图

1、5. 漆盘　2. 漆奁　3、4、20、21. 灰陶钵　6~8、13~17. 灰陶罐　9、11. 釉陶瓿　10、12. 釉陶壶　18. 漆器　19. 玉饰件

二　出土遗物

M14 保存完整，共出土各类遗物 26 件，包括铜器、漆器、玉器、陶器。

（一）铜器

5 件。器形有镜、瑟轸钥 、刷、刷柄。

1. 镜

1 件。

M14：2-8，出土于棺内奁盒内。蟠螭纹镜。圆形，三弦纽，圆形纽座。座外饰地纹、短斜线纹、凹面圈带各一周。其外饰两周短斜线纹，其间饰三组蟠螭纹。螭身蟠曲缠绕，螭尾与另一螭身菱形相交。地纹为涡纹与三角云雷纹组合。宽素缘，缘边上卷。镜面平直。镜面直径 22.9、纽高 0.95、纽宽 1.7、肉厚 0.26 厘米（图八八；彩版一四二，1 ~ 3）。

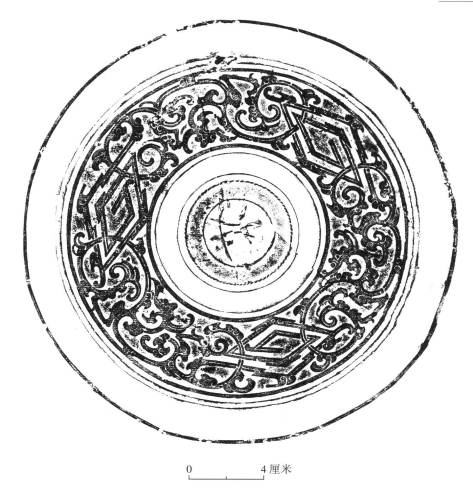

0   4 厘米

图八八　M14 出土铜镜（M14：2-8）拓本

2. 瑟轸钥

1 件。

M14：2-9，器做长条形，前端有一长方形銎，銎内刷毛已朽。柄端以一简化盘龙纹为造型。銎长 1、銎宽 0.8、器长 17.8 厘米（图八九，1；彩版一四三，1、2）。

3. 刷

2 件。皆出土于棺内奁盒内，依形制差异分为 A、B 两型。

A 型　1 件。"一"字形刷。

M14：2-12，刷毛已朽，顶部饰一圆形穿孔，下部为圆柱形柄，柄端为圆形銎。整器通长 3.9、銎径 0.5 厘米（图八九，2；彩版一四三，3）。

B 型　1 件。

M14：2-11，烟斗形刷。仅存铜构件，木质圆柄已朽。一端上翘为圆形銎，銎内刷毛亦朽。器长 3.6、銎径 1 厘米（图八九，3；彩版一四三，4）。

4. 刷柄

1 件。

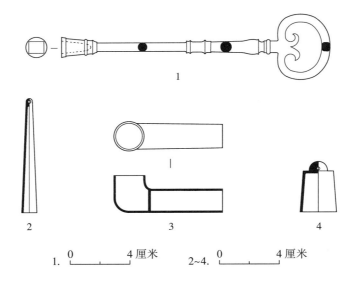

图八九　M14 出土铜器

1. 瑟轸钥（M14：2-9）　2. A 型刷（M14：2-12）　3. B 型刷（M14：2-11）　4. 刷柄（M14：2-10）

M14：2-10，出土于棺内奁盒内。刷柄顶端饰一穿孔凸纽，整体呈圆柱形，由上至下呈增大趋势，下端为圆銎。通长 1.7、銎径 1.2 厘米（图八九，4；彩版一四三，5）。

（二）漆器

4 件。器形为盘、奁。

1. 盘

2 件。

M14：1、M14：5，均出土于椁室西北部，残损严重，尺寸、纹饰不明。

2. 奁

1 件。

M14：2，出土于棺内北端。圆形大奁，夹纻胎。盖顶与盖身正面通髹黑漆，盖顶与器身内壁通髹朱漆，惜残损严重，器盖尺寸与纹样皆不明。器身外壁通髹黑漆，纹饰不明。内底中心髹黑漆，针刻云气纹，余皆髹朱漆。器身口径 24.9、高 7.1 厘米（彩图七一、七二）。

大奁内装七子小奁，均为夹纻胎，出土时部分小奁因填土下塌变形严重，纹饰高度无法复原。

M14：2-1，小圆形奁。盖顶正面中心针刻云气纹，外饰三道针刻弦纹，由内至外第二、三道弦纹间夹饰箆划纹。盖身外壁与内壁近口沿处髹黑漆，余髹朱漆。器身外壁与内壁近口沿处髹黑漆，余髹朱漆，皆素面。盖径 4.7、盖高 2.7、器身口径 4.2、器身高 2.3 厘米（彩图七三，1）。

M14：2-2，大圆形奁。器物残损严重，仅器盖顶部纹饰可辨。盖顶正面髹黑漆，正面中心针刻云气纹，外饰五道针刻弦纹。盖径 9.3 厘米（彩图七三，2）。

M14：2-3，小长方形奁。盖做盝顶形，盖与器身外壁通髹黑漆，内壁通髹朱漆。盖顶正面中心针刻云气纹，坡面饰四道针刻弦纹，由上至下第一、二道弦纹间夹饰梳齿纹，第三、四道弦纹间夹饰三角填线纹。盖身与器身均饰五道针刻弦纹。盖长 9、盖宽 4.2、盖高 4、器身长 8.4、器身高 3.2 厘米（彩图七四，1）。

M14 : 2-4，椭圆形奁。器身残损，无法复原，仅存器盖顶。盖顶中心饰针刻云气纹，外饰三道针刻弦纹，由内至外第二、三道弦纹间夹饰梳齿纹与三角填线纹组合。盖长 8.4、宽 4.1 厘米（彩图七四，2）。

M14 : 2-5，方形奁。盖做盝顶形，盖与器身外壁及内壁近口沿处通髹黑漆，余通髹朱漆。盖顶正面中心针刻云气纹，坡面饰四道针刻弦纹，由上至下第二、三道弦纹间夹饰三角填线纹。盖身外壁饰三道针刻弦纹，器身外壁饰四道针刻弦纹。盖边长 5.5、盖高 2.9、器身边长 5、器身高 2.2 厘米（彩图七五，1）。

M14 : 2-6，马蹄形奁。器物残损严重，仅器盖顶部纹饰可辨。顶面中心针刻云气纹，外饰两道针刻弦纹，坡面饰两道针刻弦纹夹饰三角填线纹与篦划纹组合。盖身长 9、宽 6.7 厘米（彩图七五，2）。

M14 : 2-7，大长方形奁。仅存器盖。盖做盝顶形，外壁通髹黑漆，内壁通髹朱漆。盖顶正面中心针刻一道弦纹，坡面饰四道针刻弦纹，由上至下第二、三道弦纹间夹饰三角填线纹与梳齿纹。盖身外壁饰四道弦纹。盖长 22.9、宽 3.9、高 3.4 厘米（彩图七六）。

除七个小奁外，M14 : 2 内还出土铜镜 1 件、瑟轸钥 1 件、刷 2 件、刷柄 1 件。

3. 残器

1 件。

M14 : 18，出土于椁室西南角。残损严重，器形、尺寸、纹饰皆不明。

（三）玉器

1 件。饰件。

M14 : 19，出土于棺内南部。出土时完全破碎，均为小碎片（彩版一四三，6）。

（四）陶器

16 件。均出土于椁室西部。分为釉陶器和灰陶器两类。

1. 釉陶器

4 件。器形有壶、瓿。

（1）壶

2 件。均出土于椁室西南部。形制基本相同。圆唇，侈口，直颈，溜肩，鼓腹，圈足。肩部饰凹弦纹与水波纹，两侧各饰一蕉叶纹半环耳。

M14 : 10，口径 10.9、底径 12.5、高 28.6 厘米（图九〇，1；彩版一四四，1）。

M14 : 12，口径 9.3、底径 10.5、高 31.2 厘米（图九〇，2；彩版一四四，2）。

（2）瓿

2 件。均出土于椁室西南部。

M14 : 9，直口，平沿，鼓肩，弧腹，平底内凹。肩两侧各饰一耳，耳面饰变形兽面纹，腹部饰凹弦纹。口径 10.3、底径 11.7、高 18.4 厘米（图九〇，3；彩版一四四，3）。

M14 : 11，侈口，平沿，鼓肩，弧腹，平底内凹。肩两侧各饰一耳，耳面饰变形兽面纹，肩

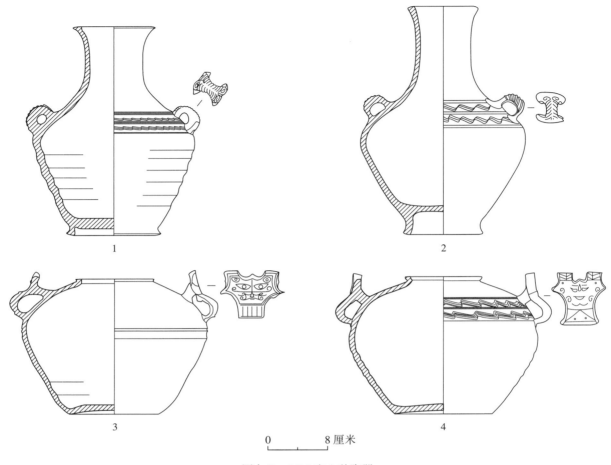

图九〇　M14 出土釉陶器

1、2.壶（M14∶10、M14∶12）　3、4.瓿（M14∶9、M14∶11）

部饰水波纹，腹部饰凹弦纹。口径 10.2、底径 12.9、高 18.7 厘米。尺寸与 M14∶9 相同（图九〇，4；彩版一四四，4）。

2. 灰陶器

12 件。器形有罐、钵。

（1）罐

8 件。依形制差异分为 A、B、C 三型。

A 型　1 件。

M14∶16，出土于椁室西南部。侈口，尖圆唇，束颈，鼓肩，弧腹，圜底。肩部两侧各施一牛鼻耳。肩部与下腹近底处均拍印绳纹。口径 16.3、高 28.6 厘米（图九一，1；彩版一四五，1）。

B 型　3 件。

M14∶17，出土于椁室西南部。侈口，尖圆唇，沿面外弧，束颈，鼓肩，折鼓腹，平底内凹。肩部与颈部交接处两侧各饰一桥形耳。口径 11.5、底径 11、高 19.2 厘米（图九一，2；彩版一四五，2）。

M14∶6，出土于椁室西北部。侈口，尖圆唇，沿面外弧，束颈，鼓肩，折鼓腹，平底内

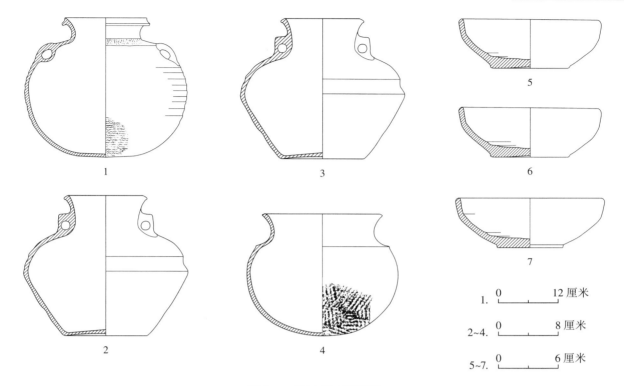

图九一　M14 出土灰陶器

1. A 型罐（M14 ： 16）　2、3. B 型罐（M14 ： 17、M14 ： 6）　4. C 型罐（M14 ： 15）　5~7. 钵（M14 ： 3、M14 ： 4、M14 ： 20）

凹。肩部与颈部交接处两侧各饰一桥形耳。口径 11、底径 10.9、高 19.2 厘米（图九一，3；彩版一四五，3）。

　　M14 ： 13，出土于椁室西南部，尺寸与 M14 ： 17 相同。

　　C 型　4 件。

　　M14 ： 7，出土于椁室西侧中部。侈口，圆唇，束颈，折鼓肩，弧腹，圜底。下腹近底处均拍印绳纹。口径 16.5、高 17 厘米（彩版一四五，4）。

　　M14 ： 8，出土于椁室西侧中部。侈口，圆唇，束颈，折鼓肩，弧腹，圜底。下腹近底处均拍印绳纹。口径 15.6、高 16.7 厘米（彩版一四六，1）。

　　M14 ： 15，出土于椁室西南部。侈口，圆唇，束颈，折鼓肩，弧腹，圜底。下腹近底处均拍印绳纹。口径 15.9、高 16.7 厘米（图九一，4；彩版一四六，2）。

　　M14 ： 14，尺寸与 M14 ： 15 相同。

　　（2）钵

　　4 件。形制相同。

　　M14 ： 3，出土于椁室西北部。敞口，圆唇，折弧腹，平底内凹。口径 13.6、底径 7.5、高 5.1 厘米（图九一，5；彩版一四六，3）。

　　M14 ： 4，出土于椁室西北部，尺寸与 M14 ： 3 相同（图九一，6；彩版一四六，4）。

　　M14 ： 20，出土于椁室西侧中部。敞口，圆唇，折弧腹，平底内凹。口径 14.2、底径 6.8、高 5.1 厘米（图九一，7；彩版一四六，5）。

M14 ：21，出土于椁室西侧中部，尺寸与 M14 ：20 相同（彩版一四六，6）。

第十一节　15 号墓

一　封土与墓葬结构

M15 位于陵园内北部，在近年的采石过程中，施工方对 M15 封土所在区域地表杂土进行推平处理，因此在对 M15 进行考古发掘前，该墓地表封土基本不存，清理过程中，已经无法判断封土下是否有石块堆积遗迹（彩版一四七，1、2）。

在采石过程中，该墓墓坑东壁与南壁遭损毁严重。对当地村民的访谈得知，M15 北侧也有三座墓葬由南向北依次排列，惜这三座墓葬因开山采石，已被完全破坏。

M15 为竖穴岩坑墓，墓坑开口于①层表土下。开口平面呈长方形，长 5.7、宽 4.5、深 3.8 米。

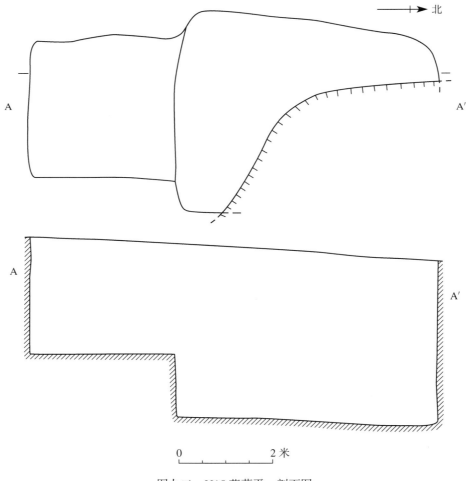

图九二　M15 墓葬平、剖面图

墓室南部开有一长方形竖穴墓道，墓道东西长 3.2、南北宽 3.16、深 2.5 米。方向 2°（图九二）。

　　清理过程表明，墓早年即被严重盗扰，墓内填土层次不明。坑内棺椁痕迹全无，未见遗物，仅于填土内发现少量绳纹瓦片（彩版一四八，1、2）。

二　出土遗物

　　该墓早期盗扰严重，未见出土遗物。

第三章　陪葬坑

第一节　8号坑

一　封土与陪葬坑结构

在对 M9 封土进行解剖的过程中，于 M9 墓坑西北方向，发现一处陪葬坑。该坑编为 8 号坑（K8）。对 K8 表土进行的解剖表明，其开口面上叠压有 M9 封土底部的石块堆积遗迹，故推定 K8 开口于 M9 封土底面之下，层位关系当早于 M9。

K8 为竖穴土坑，开口呈东西向长方形，长 5、宽 4、深 2.2 ~ 2.5 米。内填五花土。坑底存有木椁朽痕，东西长 4.5、南北宽 3.5 米（图九三；彩版一四九，1、2）。

二　出土遗物

K8 坑底木椁内出土明器漆木车马，部分车轮漆痕明显，由于腐朽坍塌，车痕原尺寸无法复原（彩版一五○）。另出土铜车马器构件、彩绘漆器、釉陶器等随葬品，出于未来展示保护需要，现场仅提取部分铜车马器及釉陶釜、甑、盆、罐共 9 件。

（一）铜器

4 件。均为马衔。清理时，明器漆木马车已朽，马衔散落、残损严重。

K8 ：6，仅存马衔一端圆环。残长 2.8、环径 2.7 厘米（图九四，1；彩版一五一，1）。

K8 ：7，仅存马衔一端圆环。残长 3.4、环径 2.9 厘米（图九四，2）。

图九三 K8 平、剖面图

1.釉陶甑 2.釉陶釜 3、4.釉陶盆 5.釉陶罐 6~9.铜马衔

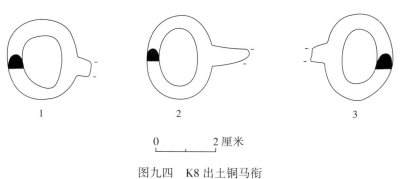

图九四 K8 出土铜马衔

1.K8：6 2.K8：7 3.K8：8

K8：8，仅存马衔一端圆环。残长 2.7、环径 2.9 厘米（图九四，3）。

K8：9，仅存马衔一端圆环。残长 3.4、环径 2.9 厘米。

（二）陶器

釉陶器

5 件。包括釜、甑、盆、罐。

（1）釜

1 件。

K8：2，出土于椁室内东北部。直口，圆唇，鼓腹弧收，平底。肩部饰一周凹弦纹、水波纹与戳点纹圈带，两侧各饰一铺首。腹部起一周凸棱。口径 10、底径 15、高 17 厘米。该器与釉陶甑 K8：1 为一组器物（图九五，1；彩版一五二；彩版一五三，1）。

（2）甑

1 件。

K8：1，出土于椁室内东北部。宽平沿外折，斜腹，平底，矮圈足。甑底的箅孔呈四组长条形向心状。外壁饰凹弦纹、水波纹及戳点纹圈带。口径 27、底径 12、高 15.7 厘米。该器与釉陶釜 K8：2 为一组器物（图九五，2；彩版一五二；彩版一五三，2）。

（3）盆

2 件。

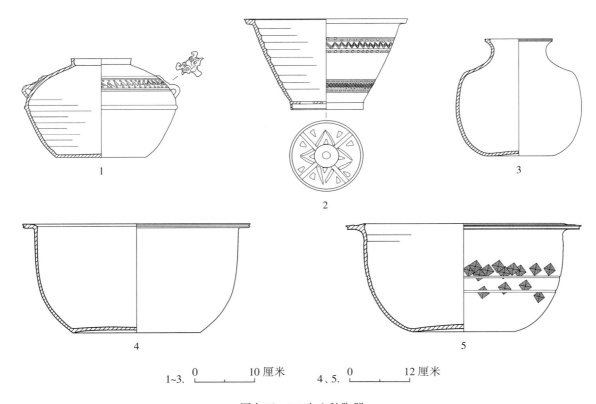

图九五 K8 出土釉陶器
1.釜（K8：2） 2.甑（K8：1） 3.罐（K8：5） 4、5.盆（K8：3、K8：4）

　　K8：3，出土于椁室内西南部。直口，宽平沿，直腹弧收，平底内凹。口径45.2、底径25.2、高22.3厘米（图九五，4；彩版一五一，2）。

　　K8：4，出土于椁室内西南部。直口，宽平沿，直腹弧收，平底内凹。外壁腹部饰两道凹弦纹及多组枝叶纹。口径46.7、底径20.1、高22厘米（图九五，5）。

　　（4）罐

　　1件。

　　K8：5，出土于椁室内西南部。侈口，平沿，束颈，鼓肩，弧腹，平底内凹。口径11.3、底径11.3、高20.2厘米（图九五，3；彩版一五一，3）。

第二节　9号坑

一　封土与陪葬坑结构

　　对M10封土进行解剖的过程中，于M10墓坑西北方向发现一处陪葬坑。该坑编号为9号坑

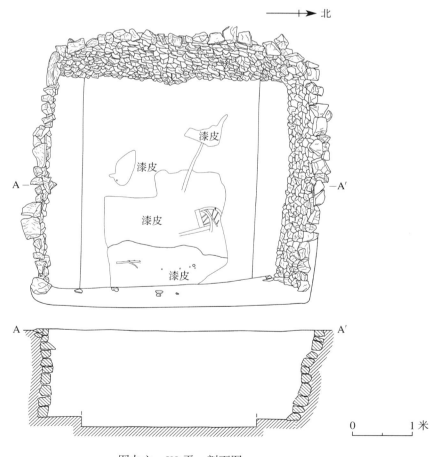

图九六　K9平、剖面图

（K9）。对 K9 表土进行解剖发现，K9 开口面上叠压有 M10 封土底部的石块堆积遗迹，故推定 K9 开口于 M10 封土底面之下，层位关系当早于 M10。

K9 为竖穴土坑，开口呈东西向长方形。该坑北、西、南三面坑壁皆以小石块进行整面砌筑，排列甚为规整。东面坑壁未见石块装饰。开口南北长 4.6、东西宽 4.48、深 1.6 米。内填五花土。坑底正中有一长方形浅坑，坑内有明显的木椁朽痕。浅坑底部东西长 3.36、南北宽 2.88 米（图九六；彩版一五四）。

二 出土遗物

K9 坑底木椁内出土明器漆木车马，部分车轮漆痕明显，由于腐朽坍塌，车痕原尺寸无法复原。出于展示该遗迹的需要，对相关车马遗迹进行了现场封存保护，相关遗迹数据未能全部提取。

第四章　结语

一　墓葬时代

作为第一代江都王刘非陵园内的祔葬墓，本报告所述墓葬下葬的年代当在江都国立国（前154年）之后，即下葬的年代上限为公元前154年。由于江都王仅传两代，第二代江都王刘建在位仅6年（前121年）即遭遇国除，故通常情况下，大云山江都王陵内祔葬墓的下葬年代当早于江都国国除的年代，个别墓葬或稍晚于江都国国除的年代，即祔葬墓下葬的年代下限为公元前121年或稍后。

由于M3、M4、M5、M11、M15共5座墓葬盗扰严重，随葬品基本不存，故其下葬年代只能定在公元前154年至前121年或稍后的一段时间内。M6、M12、M13、M14未遭盗扰，但因随葬品中未见纪年材料，因此墓葬下葬的具体年代主要是依据出土陶器的相对年代来确定的。M9、M10虽遭遇盗扰，但随葬品组合尤其是陶器组合相对完整，出土陶器的年代成为判断墓葬年代的主要因素。

从出土釉陶器的组合与形制来看，M12出土的釉陶器与江都王陵M1、M2的釉陶器存在明显差异，却与扬州刘毋智墓出土釉陶器的组合和形制基本相同[1]。考虑到刘毋智墓的年代为吴国晚期，如此，则M12出土陶器的相对年代当为接近于吴国晚期的江都国早期。综合来看，M12的下葬年代当在公元前154年江都国立国之后的十几年内。

M9出土陶器的情况与M12类似，其出土釉陶器的形制也与江都王陵M1、M2的釉陶器存在明显差异，相反与扬州刘毋智墓出土釉陶器的组合和形制基本相同。结合出土的陶饼金等西汉早期风格的遗物判断，M9的下葬年代当在公元前154年江都国立国之后的十几年之内。

与M12、M9情况不同，M6、M13、M14、M10出土釉陶罐、釉陶壶的形制与江都王陵

---

[1] 扬州市文物考古研究所：《江苏扬州西汉刘毋智墓发掘简报》，《文物》2010年第3期。

M1、M2 的釉陶器基本相同，而与 M12、M9 的釉陶器存在较大差异。考虑到 M12 的下葬年代为江都国早期，M1、M2 的下葬年代为江都国晚期且时代为公元前 127 年、前 129 年前后，如此，则 M6、M13、M14、M10 的下葬年代当在江都国晚期或稍后。

二　墓葬的学术价值

M9 出土文物相对较多，尤其是釉陶器中的鼎、盒、壶、瓿、钫、锺、熏炉等器物组合完整，釉色精美，可以认为是江都国早期高等级墓葬出土釉陶器组合的典型形态。此外，西汉墓葬出土的金带板极为少见，仅见于少数高等级墓葬中。本次出土的金带板与以往出土的资料相比，北方草原因素已经明显减少，主体纹饰已具有浓烈的中原风格，当为此类金带板中原化后的典型实例，为金带板的演变研究提供了难得的资料。

从 M10 在陵园内所处位置及其与 M1 的位置关系等因素可以看出，M10 的墓主人当为第一代江都王刘非的高级妃嫔，地位与 M9 墓主人相当，仅次于王后。通过对出土铭文与文献资料的初步研究，我们认为 M10 墓主人或为文献记载中的淖姬[1]。尽管遭遇盗扰，M10 棺内仍然出土了包括玉璜、玉珩、玉环、玉觿在内的多件玉器。由于墓主人的身份明确，因此这一玉器组合便反映了汉代诸侯国高级妃嫔丧葬用玉的规制，为研究王室妃嫔丧葬礼仪提供了重要资料。

M3 至 M6、M9 至 M15 共 11 座墓葬，均为江都王陵陵园内的袝葬墓，对上述材料进行的整体分析表明，陵园内的袝葬墓区经过精心设计与规划，所有袝葬墓布局整齐划一，墓葬封土的营建规模、棺椁空间与结构、随葬品种类与数量等因素皆以该墓距离 1 号主墓的远近逐次降低或减少，统一的营造模式下显示出各墓主人之间身份与等级的差异。

一直以来，西汉诸侯王陵的资料与研究相对较多，但诸侯王陵袝葬墓的资料与研究却相对较少，尤其是墓主人明确为某位诸侯王妃嫔的墓葬发现极少。本次发掘的江都王陵袝葬墓，墓主人均为第一代江都王刘非的妃嫔。上述墓葬的发掘将为诸侯王陵袝葬墓的研究提供重要的基础资料，并将进一步推动汉代诸侯王陵袝葬制度的深入研究。

---

［1］李则斌、陈刚：《江苏大云山西汉江都王陵 10 号墓墓主人初步研究》，《东南文化》2013 年第 1 期。

彩　图

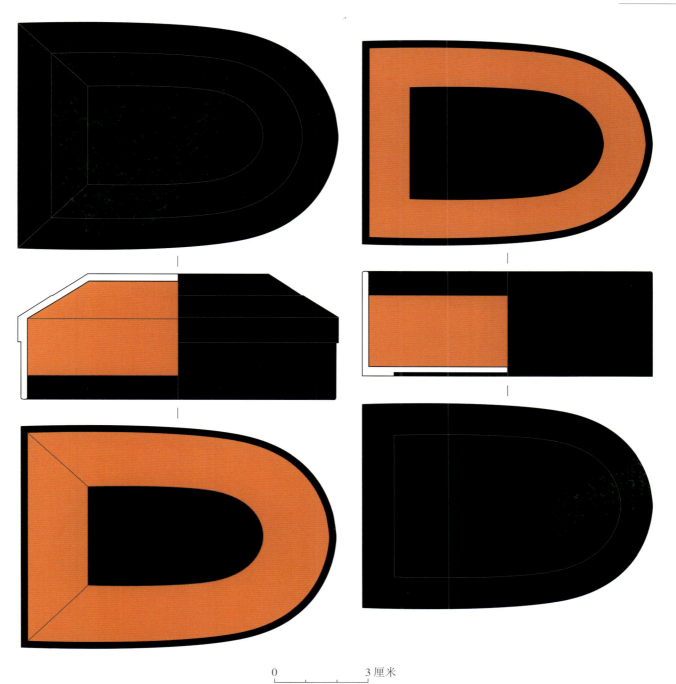

0 _____ 3厘米

彩图一 M6出土马蹄形漆奁（M6：20-1）

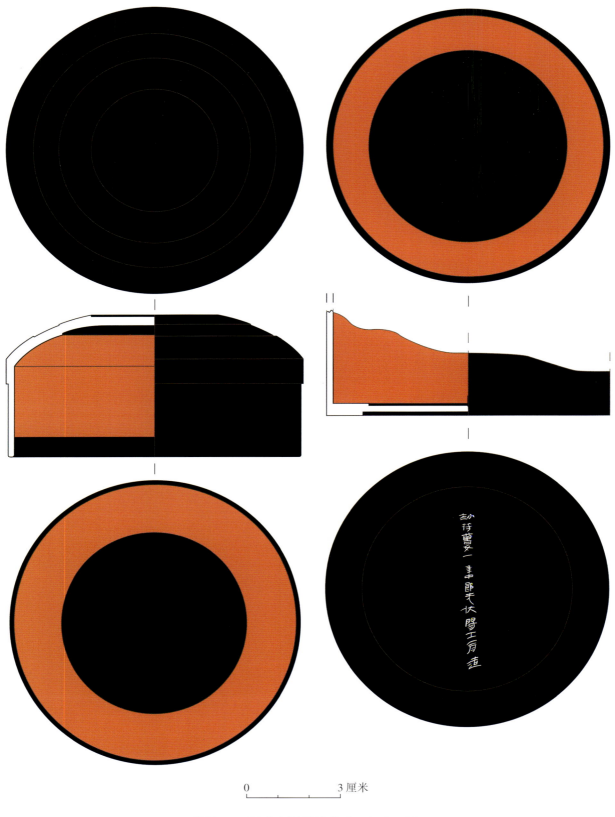

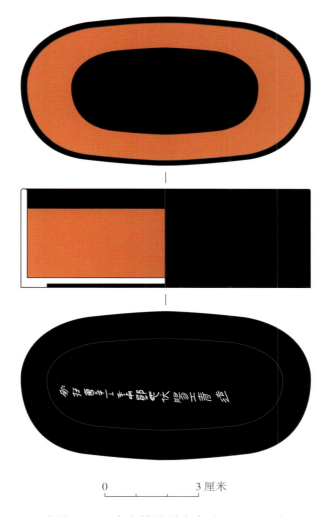

0 　　　　　　 3厘米

彩图三　M6出土椭圆形漆奁（M6：20-3）

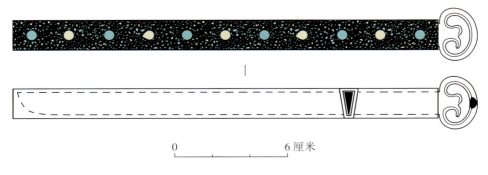

0   6厘米

彩图四　M9出土铁削（M9：95）

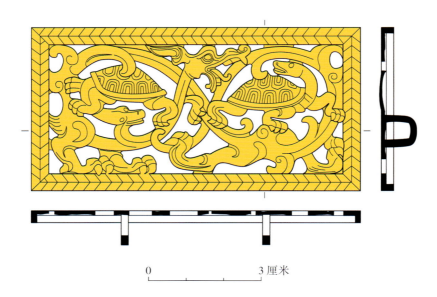

0   3厘米

彩图五　M9出土金带板（M9：96-1）

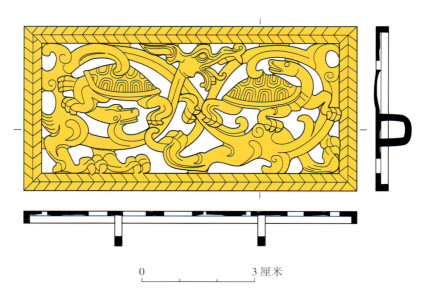

0   3厘米

彩图六　M9出土金带板（M9：96-2）

0   3厘米

彩图七　M9出土漆耳杯（M9∶84）

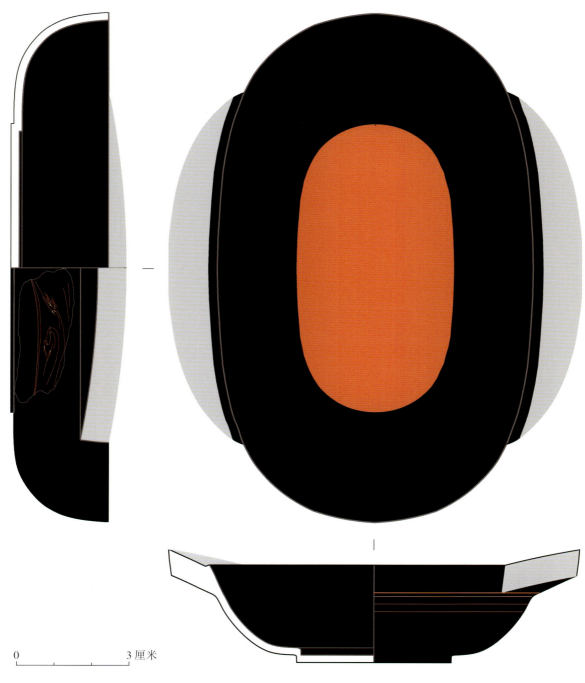

0   3厘米

彩图八　M9出土B型漆耳杯（M9：97）

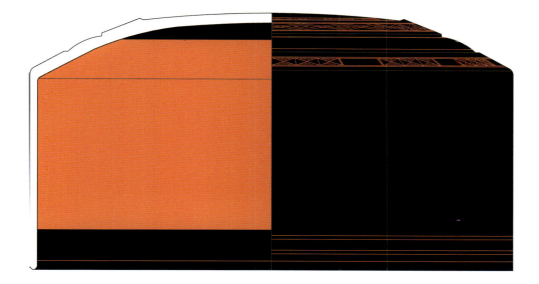

0　　　　　　　　3厘米

彩图九　M9出土漆奁（M9：78）

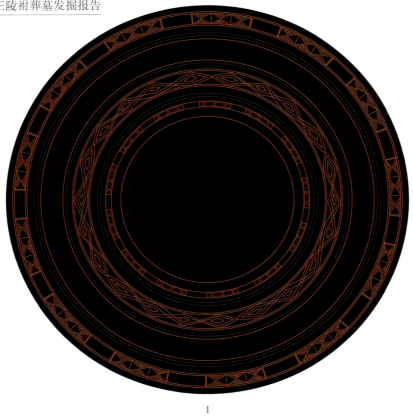

1

2

0　　　　　　　3厘米

彩图一〇　M9出土漆奁（M9：78）俯视图
1.奁盖　2.奁身

0   3厘米

彩图一一　M9出土漆卮（M9：79）

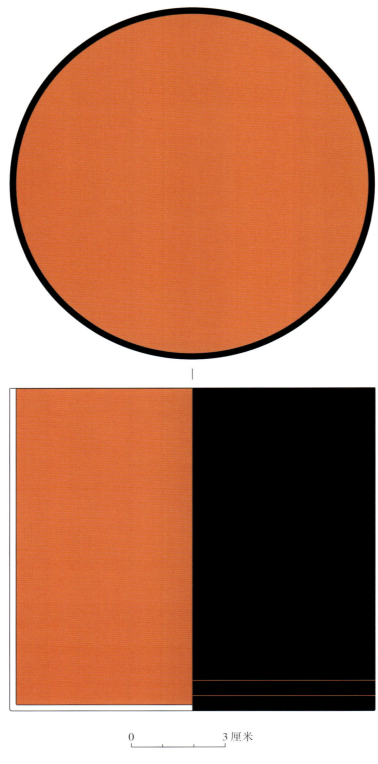

0 _____ 3厘米

彩图一二 M9出土漆卮（M9：82）

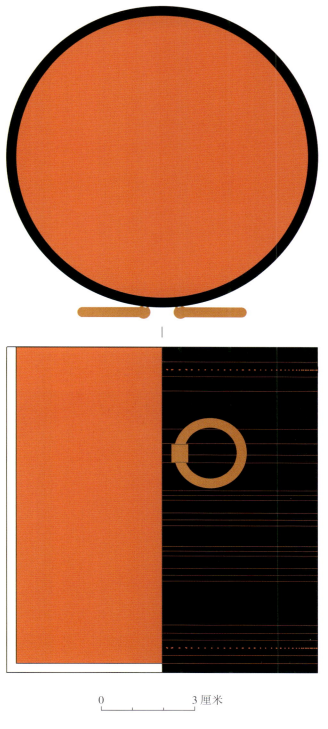

0　　　　　　　　3厘米

彩图一三　M9出土漆卮（M9：83）

0   3厘米

彩图一四　M9出土漆卮（M9：108）

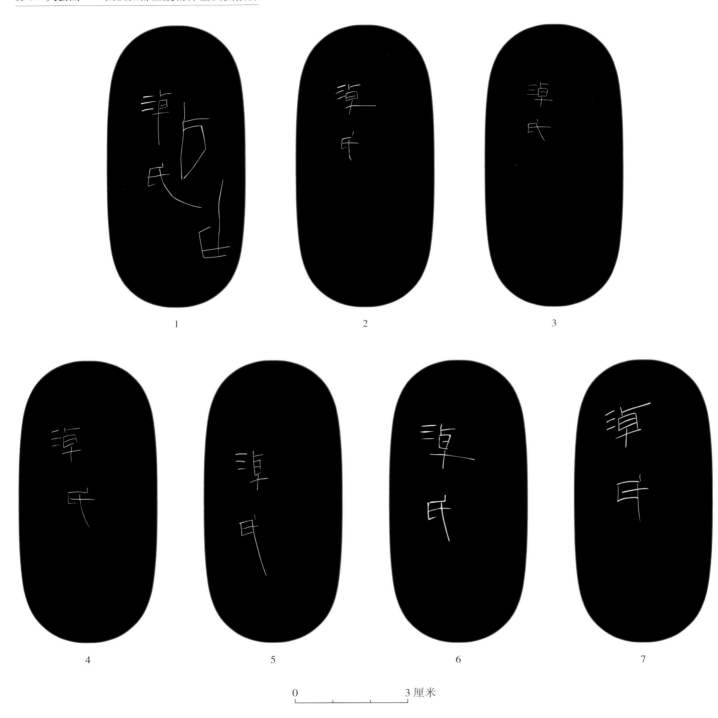

彩图一六　M10出土Aa型漆耳杯外底铭文

1. M10：116　2. M10：117　3. M10：118　4. M10：119　5. M10：121　6. M10：122　7. M10：123

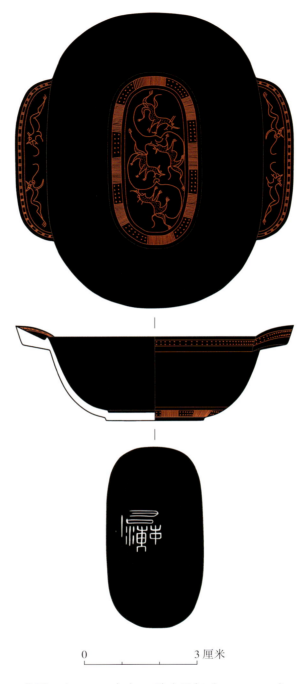

0   3厘米

彩图一八　M10出土Ac型漆耳杯（M10：124）

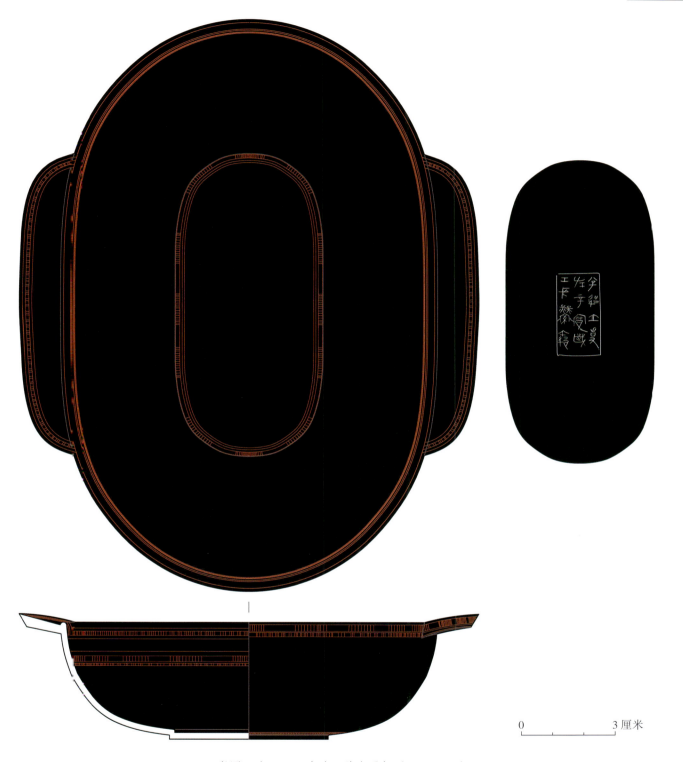

0   3厘米

彩图一九　M10出土B型漆耳杯（M10：83）

0　　　　　3厘米

彩图二〇　M10出土B型漆耳杯（M10∶55）

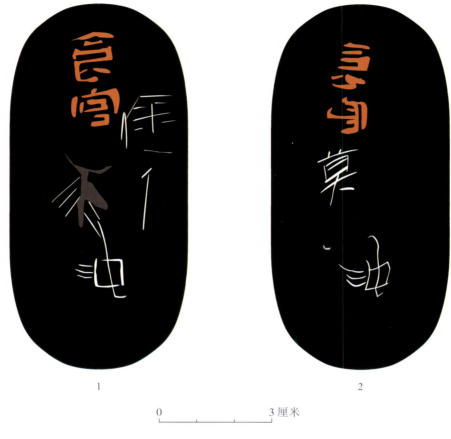

1   2

0   3厘米

彩图二一 M10出土漆耳杯外底铭文
1. M10：84 2. M10：85

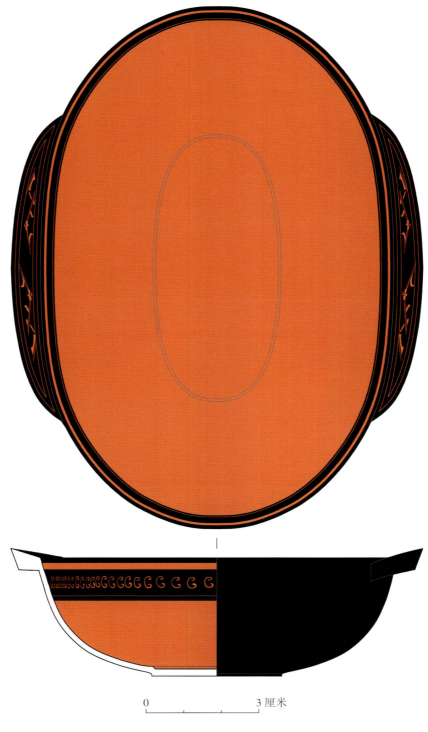

0   3厘米

彩图二二　M10出土C型漆耳杯（M10：108）

0   3厘米

彩图二三　M10出土D型漆耳杯（M10：113）

0   3厘米

彩图二四 M10出土Aa型漆盘（M10：56）

0   3厘米

彩图二五　M10出土Ab型漆盘（M10：96）

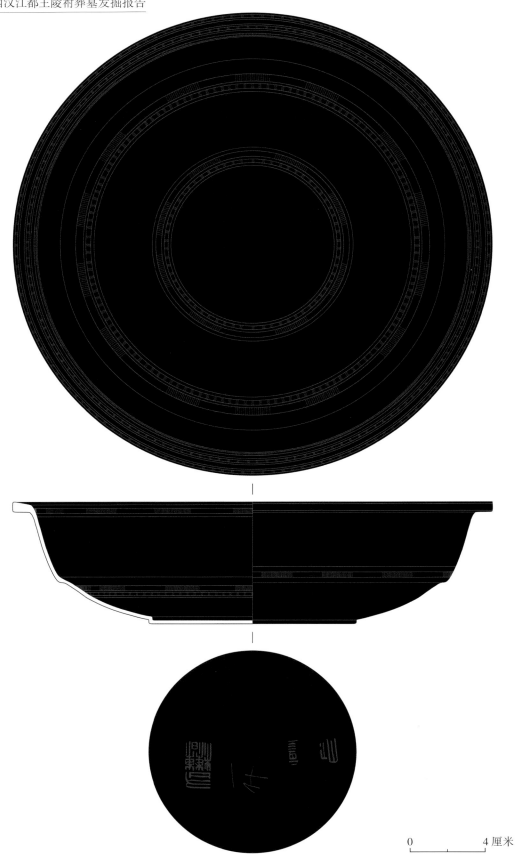

0   4厘米

彩图二六　M10出土Ac型漆盘（M10∶109）及外底铭文

0 —— 3厘米

彩图二七　M10出土Ad型漆盘（M10：110）

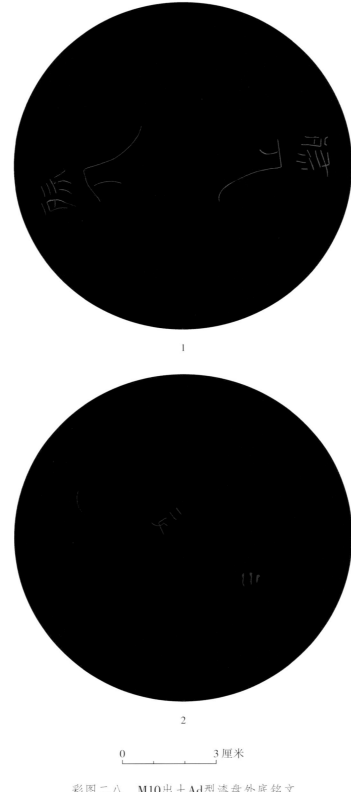

1

2

0   3厘米

彩图二八　M10出土Ad型漆盘外底铭文
1. M10：111　2. M10：112

0 ⊢——⊢——⊣ 3厘米

彩图二九　M10出土B型漆盘（M10：54）

0   3 厘米

彩图三〇　M10出土B型漆盘（M10：54）外底

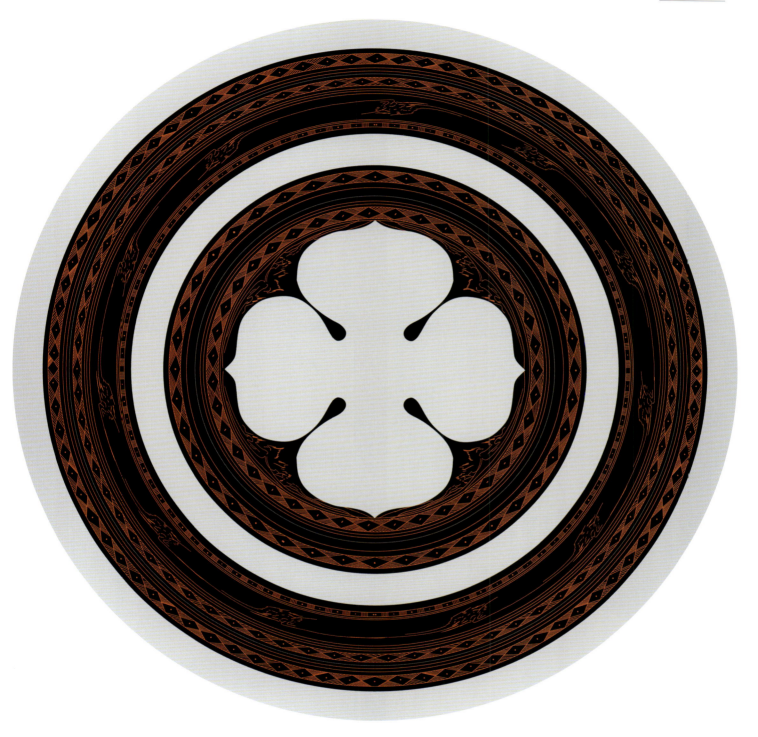

0   3厘米

彩图三一 M10出土漆奁（M10：65）奁盖俯视图

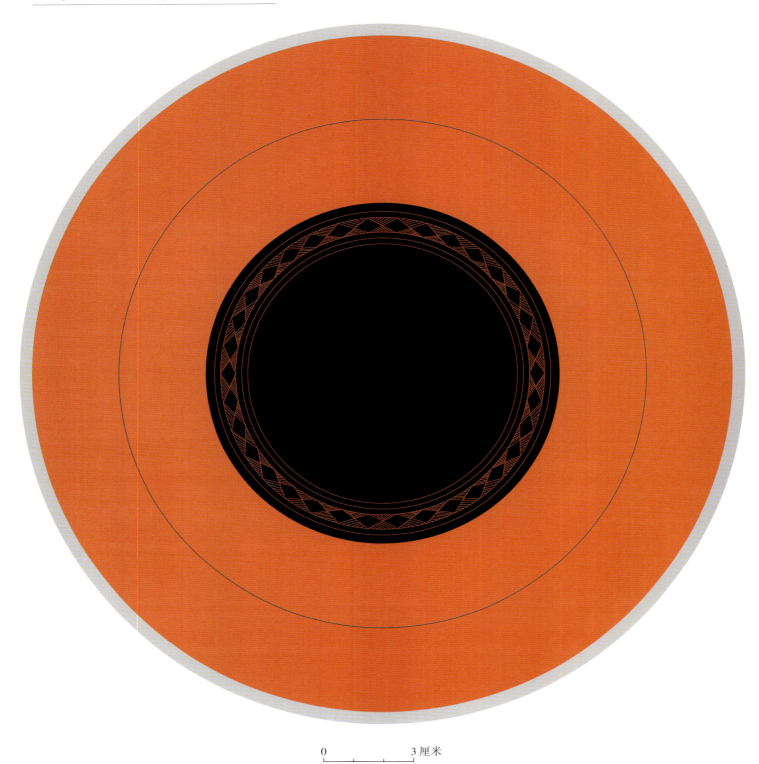

0 3厘米

彩图三二 M10出土漆奁（M10：65）奁盖仰视图

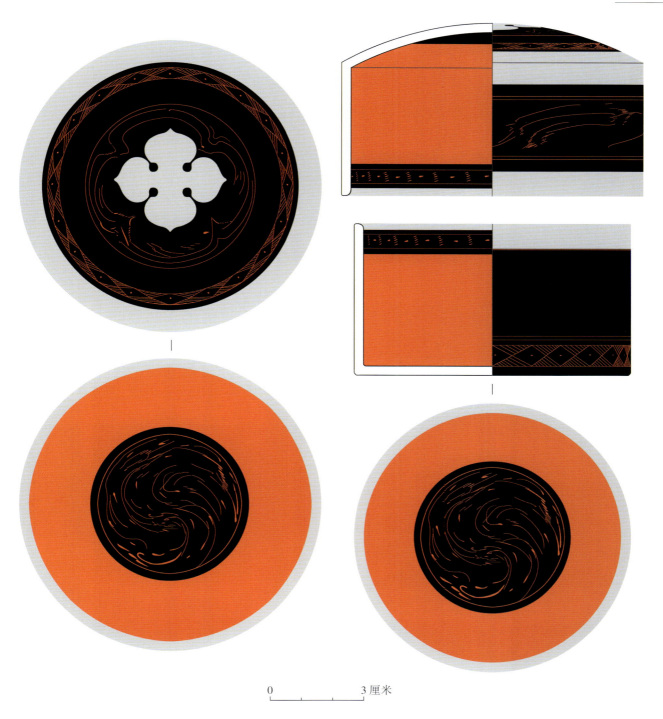

彩图三三　M10出土大圆形漆奁（M10：65-1）

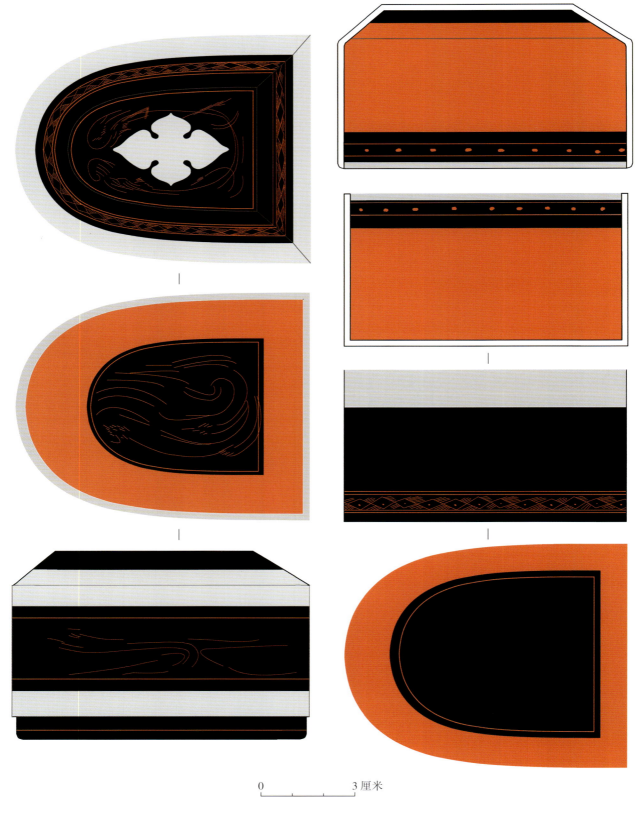

0   3厘米

彩图三四　M10出土马蹄形漆奁（M10：65-2）

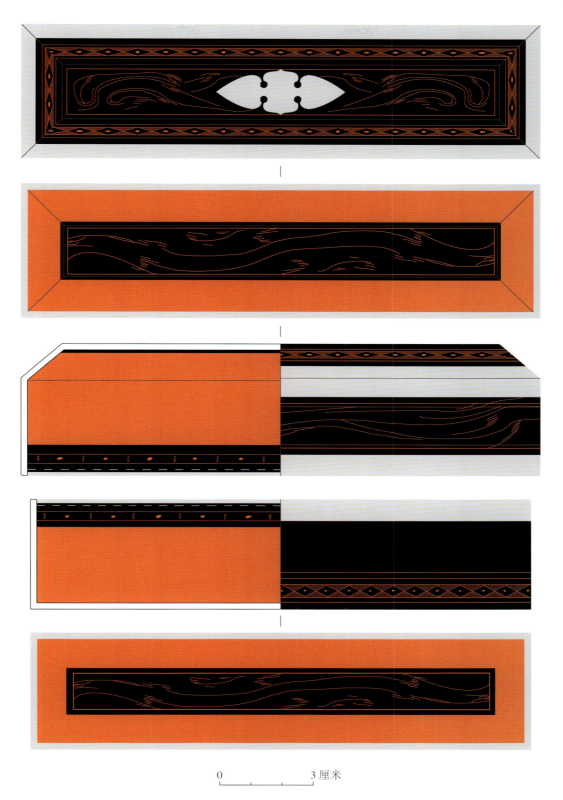

0   3厘米

彩图三五　M10出土大长方形漆奁（M10：65-3）

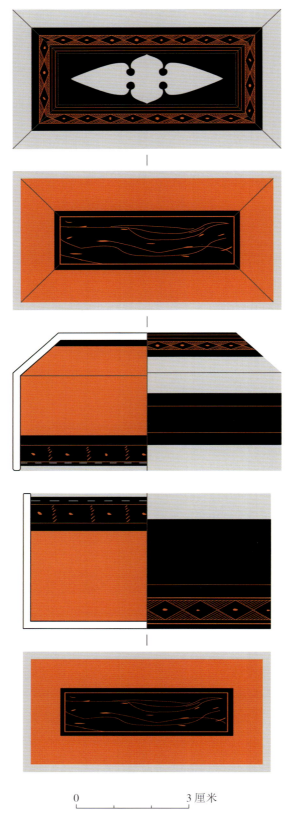

0　　　　　　　　3厘米

彩图三六　M10出土小长方形漆奁（M10：65-4）

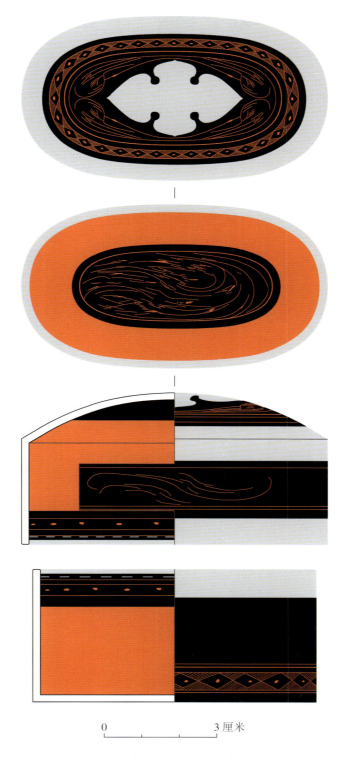

0　　　　　　　　3厘米

彩图三七　M10出土椭圆形漆奁（M10：65-5）

彩图三八　M10出土小圆形漆奁（M10：65-6）

0　　　　　　　3厘米

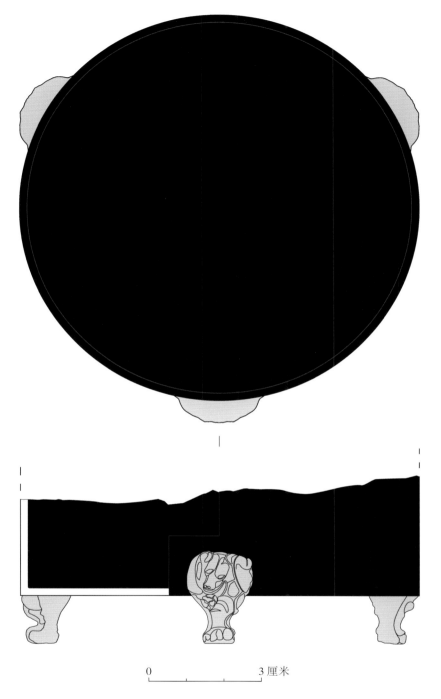

0   3厘米

彩图三九　M10出土漆樽（M10：45）

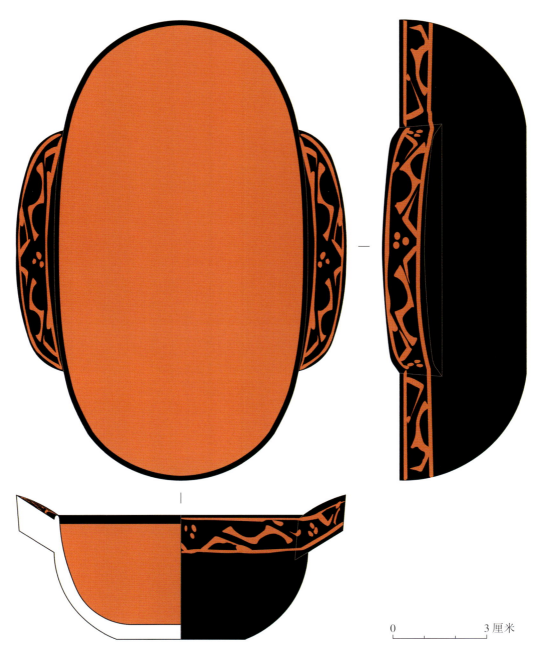

0   3厘米

彩图四〇　M12出土A型漆耳杯（M12∶77）

0   3厘米

彩图四一　M12出土A型漆耳杯（M12：76）

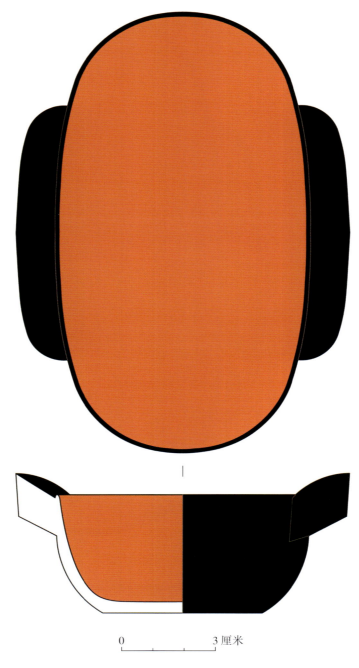

0　　　　　　　　　3厘米

彩图四二　M12出土A型漆耳杯（M12：75）

彩图四三　M12出土B型漆耳杯（M12：18）

0　　　　　　3厘米

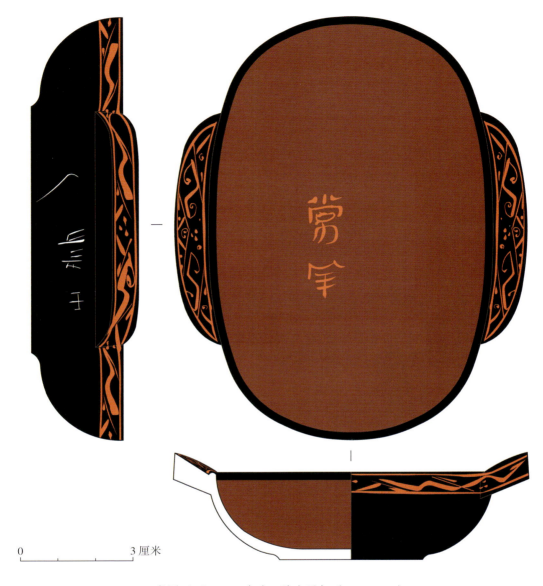

彩图四四　M12出土B型漆耳杯（M12：78）

0   3厘米

彩图四五　M12出土A型漆盘（M12：72）

0   3厘米

彩图四六　M12出土B型漆盘（M12：71）

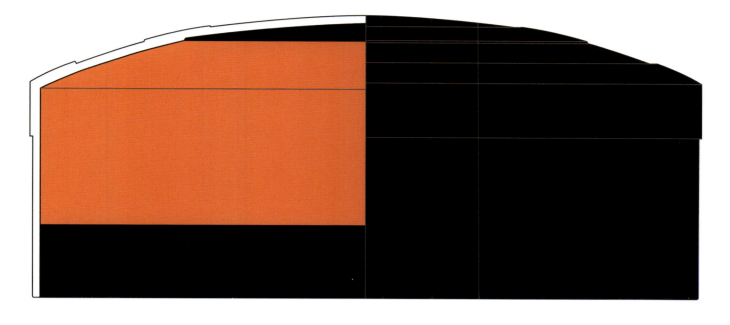

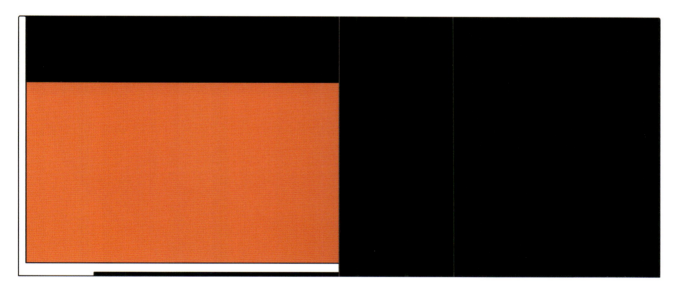

0   3厘米

彩图四七　M12出土漆奁（M12：30）

0　　　　　3厘米

彩图四八　M12出土漆奁（M12∶30）内五子小奁分布图

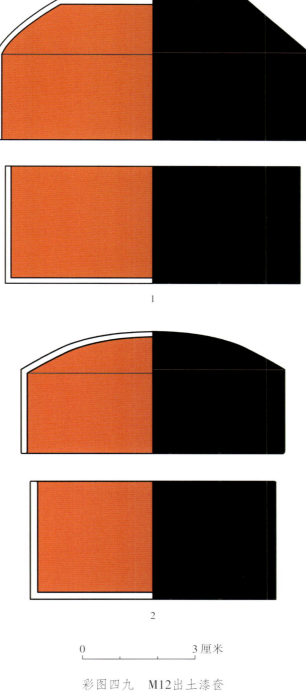

0　　　　　　　3厘米

彩图四九　M12出土漆奁
1.马蹄形奁（M12：30-1）　　2.椭圆形奁（M12：30-2）

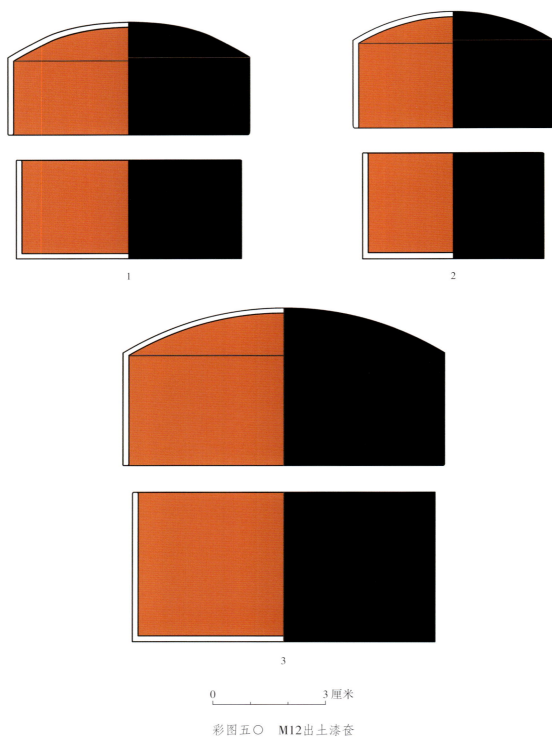

1

2

3

0 ———————— 3厘米

彩图五〇　M12出土漆奁
1. 椭圆形奁（M12：30-3）　2. 小圆形奁（M12：30-4）　3. 大圆形奁（M12：30-5）

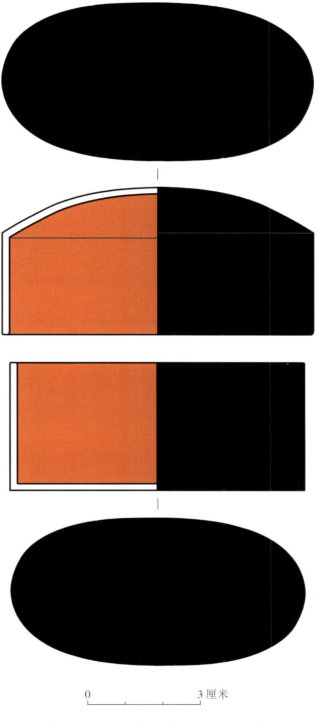

0   3厘米

彩图五一　M12出土漆奁（M12：27）

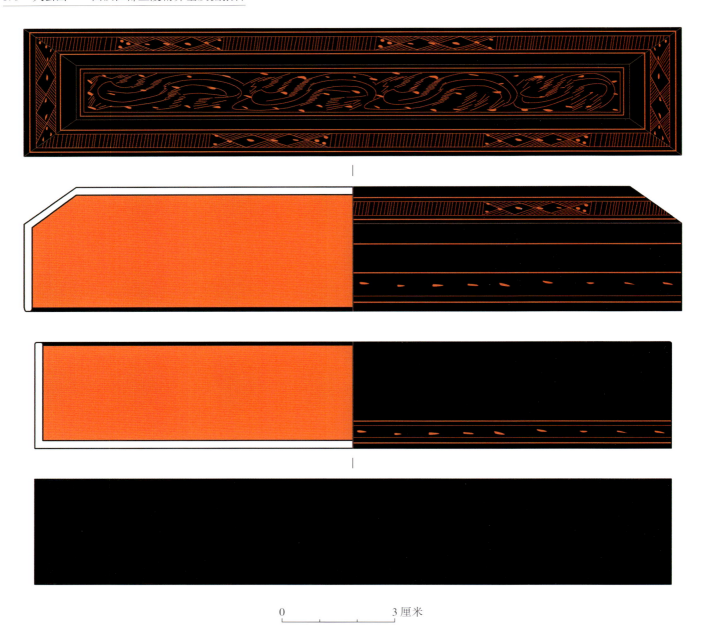

0　　　　　　3厘米

彩图五二　M12出土长方形漆奁（M12：48）

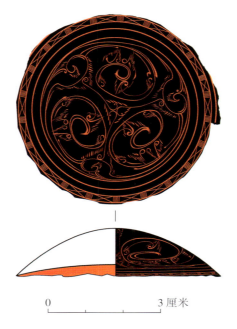

0 ————————— 3 厘米

彩图五三　M12出土漆器（M12：24）

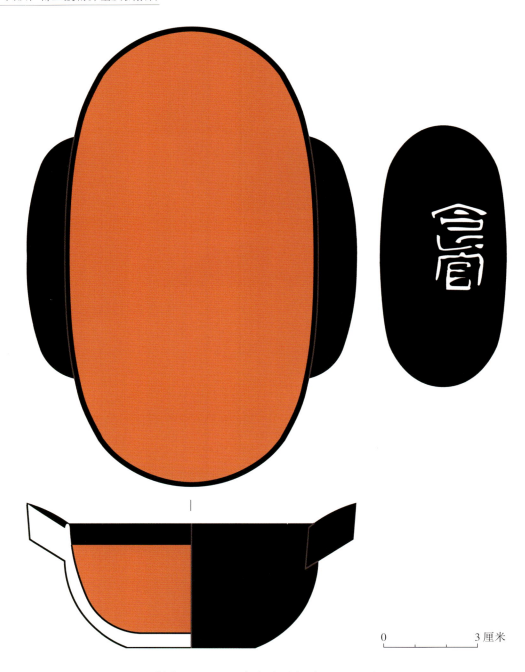

0 ⊢——————⊣ 3厘米

彩图五四　M13出土漆耳杯（M13：38）

0 　　　　3厘米

彩图五五　M13出土A型漆盘（M13：8）

0 ———— 3厘米

彩图五六　M13出土A型漆盘（M13：14）

0   3厘米

彩图五七　M13出土A型漆盘（M13：16）

0 ——————— 3厘米

彩图五八 M13出土A型漆盘（M13：3）

0 _____ 3厘米

彩图五九　M13出土A型漆盘（M13：6）

0 _____ 3厘米

彩图六〇   M13出土B型漆盘（M13：27）

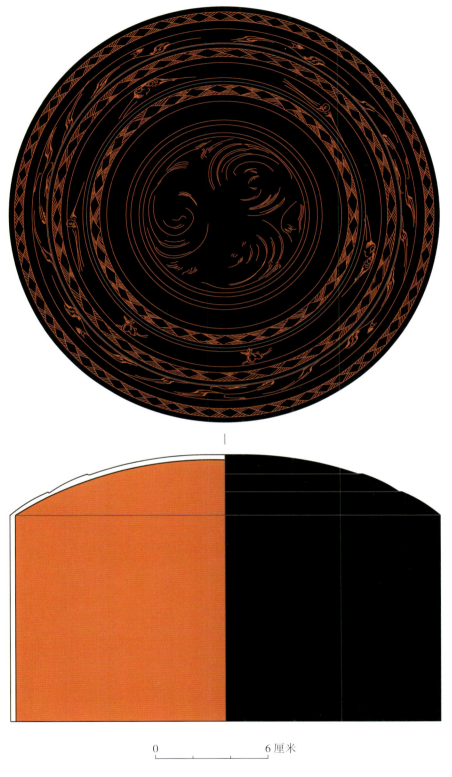

0 _____ 6厘米

彩图六一　M13出土漆奁（M13：1）奁盖

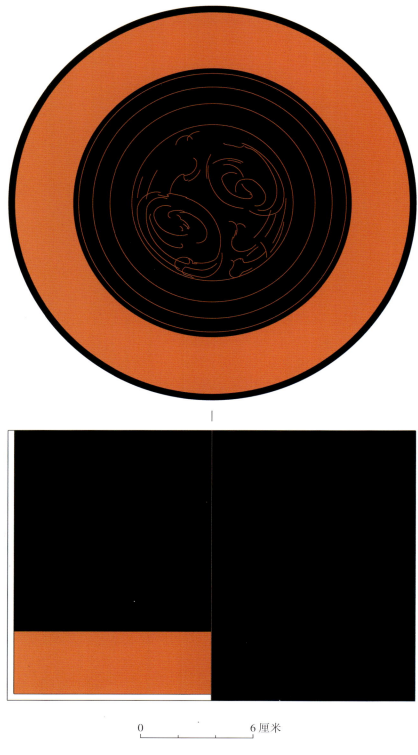

0   6厘米

彩图六二　M13出土漆奁（M13：1）奁身

0 _____ 3厘米

彩图六三　M13出土漆奁（M13：1）内五子小奁分布图

0　　　　　　　3厘米

彩图六四　M13出土大圆形漆奁（M13：1–1）

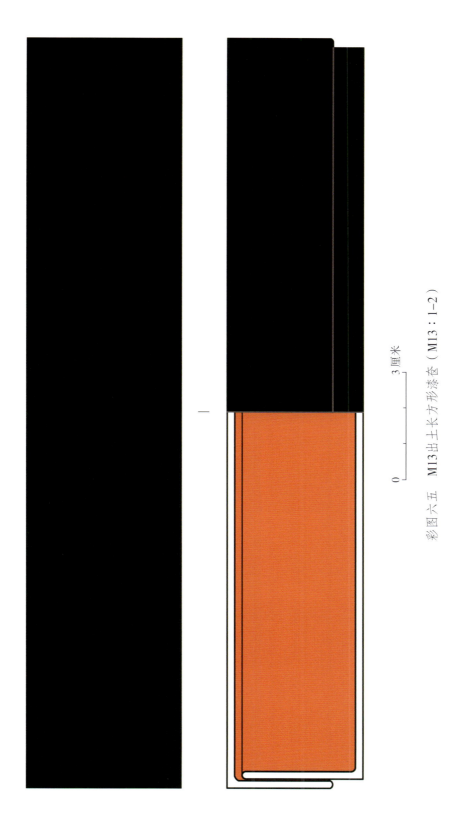

彩图六五　M13出土长方形漆奁（M13：1-2）

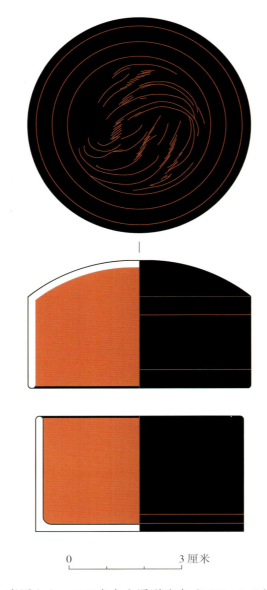

0   3厘米

彩图六六　M13出土小圆形漆奁（M13：1-3）

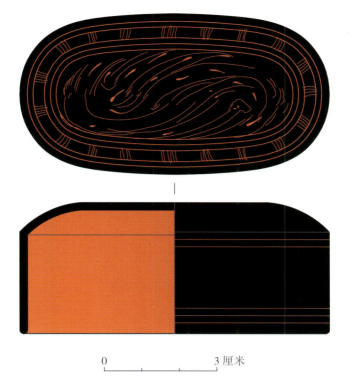

0   3 厘米

彩图六七　M13出土椭圆形漆奁（M13∶1-4）

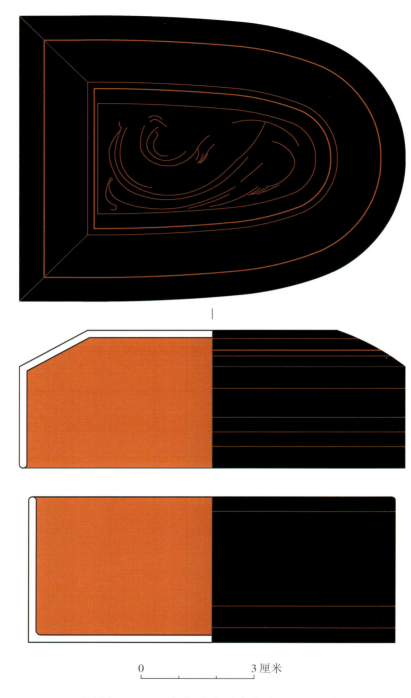

彩图六八　M13出土马蹄形漆奁（M13：1–5）

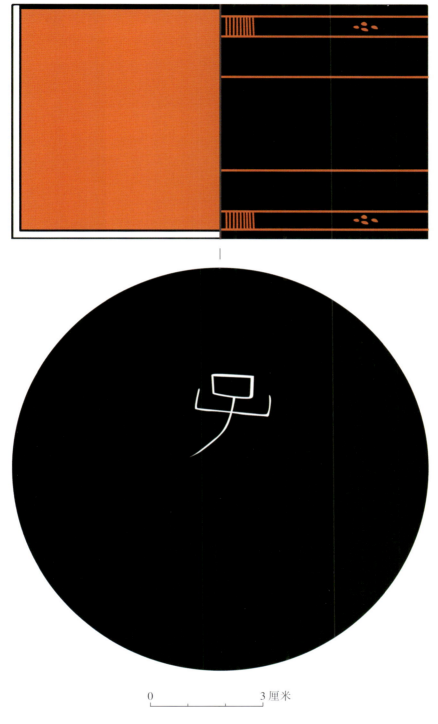

0　　　　　　　3厘米

彩图六九　M13出土漆卮（M13：2）

0 ————————— 3厘米

彩图七○　M13出土漆笥残片（M13：55）

0   3厘米

彩图七一　M14出土漆奁（M14：2）内七子小奁分布图

0 _____ 3厘米

彩图七二　M14出土漆奁（M14：2）奁身内底

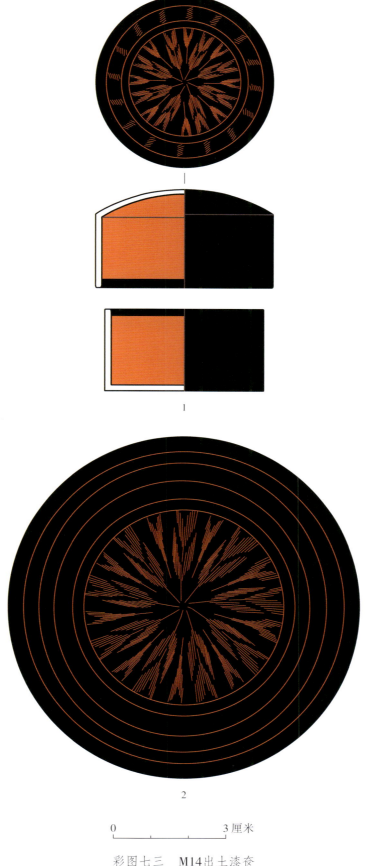

1

2

0   3厘米

彩图七三　M14出土漆奁
1. 小圆形奁（M14：2-1）　2. 大圆形奁（M14：2-2）奁盖俯视图

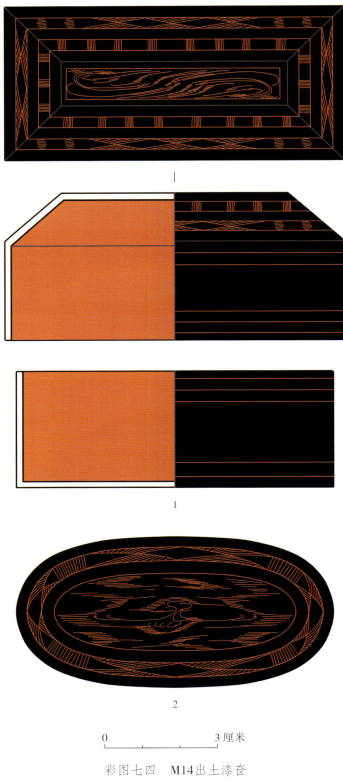

0　　　　　　3厘米

彩图七四　M14出土漆奁
1. 小长方形奁（M14：2-3）　2. 椭圆形奁（M14：2-4）奁盖俯视图

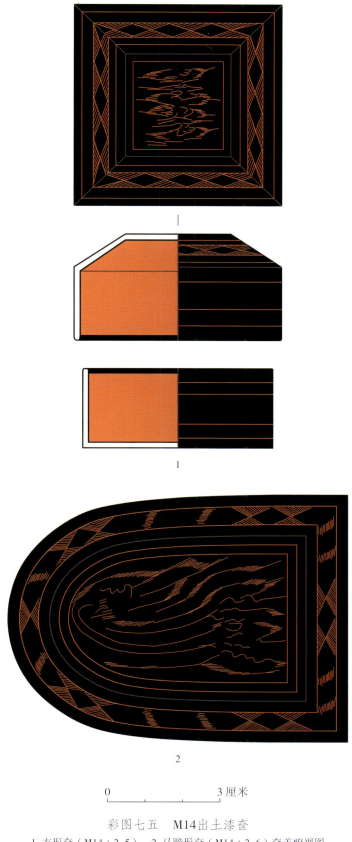

0   3厘米

彩图七五　M14出土漆奁
1. 方形奁（M14：2-5）　2. 马蹄形奁（M14：2-6）奁盖俯视图

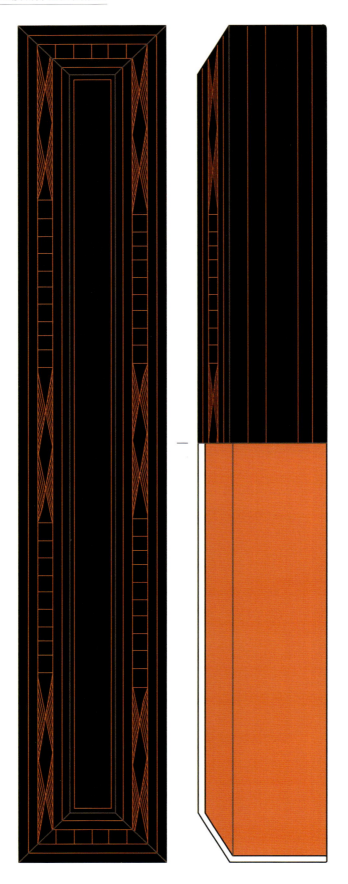

彩图七六　M14出土大长方形漆奁（M14：2-7）

0 ⎯⎯⎯⎯ 3 厘米

彩　版

大云山江都王陵位置卫星图

陪葬坑K3

祔葬墓

M8

M2

M1

车马坑K2

大云山汉墓陵园

陵园内北部祔葬墓区发掘前地貌（由北向南）

M6

M5

N

M4

M3

M14

M13

M12

M11

K9

M10

K8

M1封土底边西北角

M9

祔葬墓区（由东南向西北）

祔葬墓（M3～M6、M11～M14）（由北向南）

M12封土下石块遗迹

祔葬墓区探方（由南向北）

1. 由南向北

2. 由西向东

M3至M6发掘现场

M9、M10发掘现场（由南向北）

M9、M10、K8、K9墓坑开口（由北向南）

1. 由西向东

2. 由北向南

M11至M14发掘现场

1. 清理场景

2. 清理墓室填土（由北向南）

M3发掘现场

1. 由东向西

2. 清理后绘图

M4发掘现场

M4墓坑底部陶器出土场景

1. M4：1

2. M4：2

3. M4：3

4. M4：4

M4出土灰陶罐

1. M4：5

2. M4：6

3. M4：7

4. M4：8

M4出土灰陶罐

1. M4：9

3. M4：11

4. M4：12

2. M4：10

5. M4：13

M4出土灰陶罐

1. 清理后（由东向西）

2. 墓坑底部与坑壁加工痕迹（由北向南）

M5发掘现场

1. 封土下墓坑及石块堆积（由东北向西南）

2. 墓坑填土开口（由北向南）

M6发掘现场

1. 清理后全景（由东向西）

2. 随葬品提取后棺椁全景（由南向北）

M6棺椁结构

1. 由东南向西北

2. 东边箱北部铜盘、铁灯等随葬品出土场景

M6发掘现场

1. 由北向南

2. 西边箱中部铜钱出土场景

M6西边箱随葬品出土场景

1. 钫

2. 铭文放大

M6出土铜钫（M6：7）

1. 盆（M6：12）

2. 盘（M6：13）

M6出土铜盆、盘

彩版二四

1. 盆

2. 细部

M6出土铜盆（M6：19）

1. 鍪（M6：9）

2. 鍪（M6：9）内兽骨出土场景

3. 勺（M6：21）

4. 半两钱（M6：17）

5. 半两钱（M6：17）

6. 半两钱整体提取后

M6出土铜鍪、勺、半两钱

1. 镜

2. 细部放大

M6出土铜镜（M6：15）

1. 镜

2. 细部放大

M6出土铜镜（M6：16）

1. 镜

2. 细部放大

3. 细部放大

M6出土铜镜（M6：23）

1. 镜

2. 细部放大

M6出土铜镜（M6：26）

1. 镜

2. 细部放大

M6出土铜镜（M6：27）

1. 镜

2. 细部放大

3. 细部放大

M6出土铜镜（M6：28）

1. 马蹄形奁（M6：20-1）

2. 圆形奁（M6：20-2）

3. 圆形奁（M6：20-2）外底铭文放大

M6出土漆奁

1. 椭圆形漆奁（M6：20-3）

3. 玉带钩（M6：24）

2. 椭圆形漆奁（M6：20-3）外底铭文

4. 玉琀（M6：25）

M6出土漆奁，玉带钩、琀

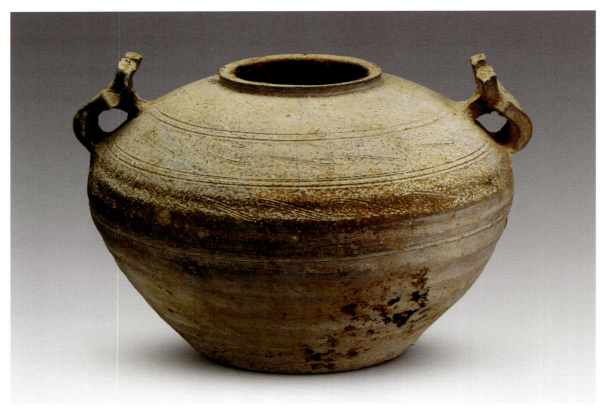

1. 瓿（M6：6）

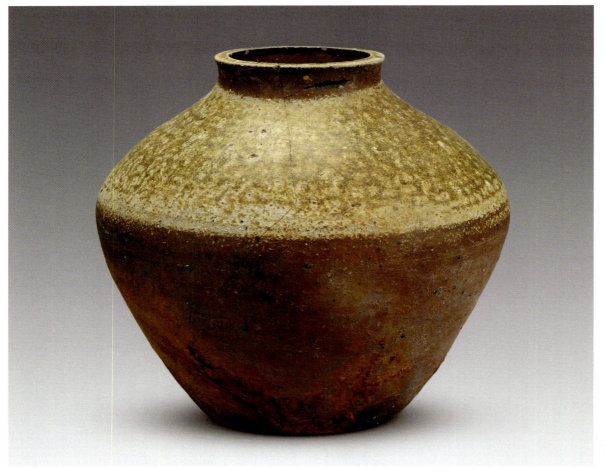

2. 罐（M6：1）

M6出土釉陶瓿、罐

1. M6：8

2. M6：10

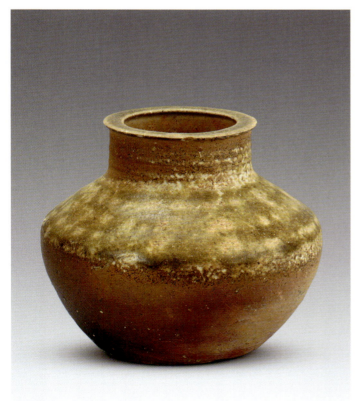

3. M6：14

4. M6：18

M6出土釉陶罐

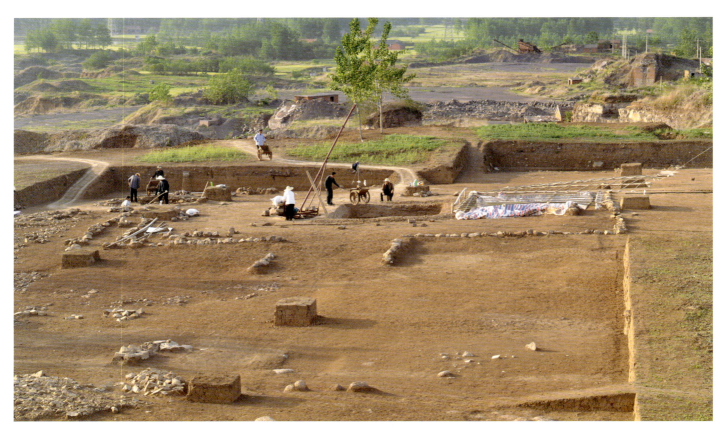

1. 清理时全景（由南向北）

2. 清理填土积石层

M9发掘现场

1. 清理墓坑填土

2. 清理后全景（由西向东）

M9发掘现场

1. 上层积石层清理后（由南向北）

2. 下层积石层清理后（由南向北）

M9填土内积石层

1. 坑壁清理后

2. 椁室清理后（由南向北）

M9坑壁和椁室

1. 漆棺清理后（由南向北）

2. 东边箱清理后（由南向北）

M9漆棺和东边箱

1. 北边箱清理后（由东向西）

2. 北边箱西部出土釉陶盆、釉陶卮及釉陶勺

3. 彩绘灰陶罐

4. 彩绘灰陶罐

M9北边箱及随葬品出土场景

1. 椁侧板板灰线露头（由南向北）

2. 棺内出土金腰带M9∶96、铁削M9∶95

3. 铜半两钱

M9棺椁结构及随葬品出土场景

1.鉹锼（M9：81）

2.缶（M9：57）

3.弩机（M9：55）

4.剑（M9D1：1）

M9出土铜鉹锼、缶、弩机、剑

1. 镞（M9：59-1）

2. 镞（M9：59-1~M9：59-5）

3. 镞（M9：59-17）

4. 镞（M9：59-17~M9：59-20）

5. 环（M9：48）

6. 铺首（M9：41）

7. 铺首（M9：47）

M9出土铜镞、环、铺首

1. 镜

2. 细部放大

M9出土铜镜（M9：76-1）

1. 镜

2. 细部放大

3. 细部放大

M9出土铜镜（M9：76-2）

1. 镜

2. 细部放大

M9出土铜镜（M9：76-3）

1. 铜镜（M9：76-4）

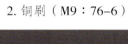

2. 铜刷（M9：76-6）

3. 铜刷柄（M9：76-5）

4. 铁削（M9：95）

M9出土铜镜、刷、刷柄，铁削

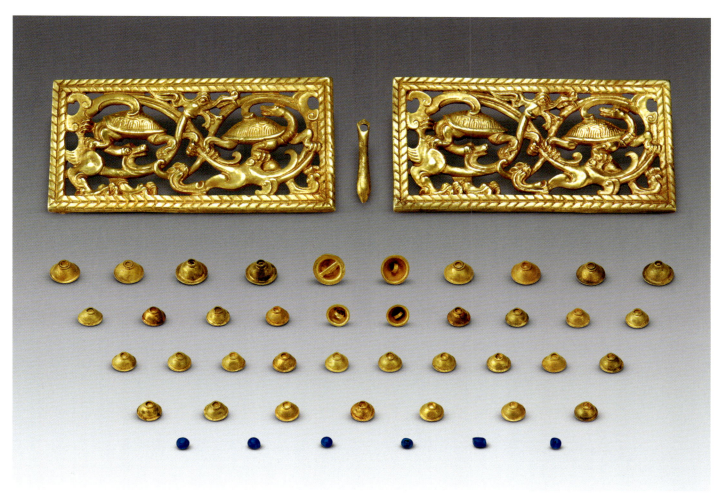

1. 带具组合（M9：96）

2. 泡饰与扣舌（M9：96-3~M9：96-6）

M9出土金带具

1. 金带板（M9：96-1）

2. 金带板（M9：96-1）背面

3. 金带板（M9：96-2）

4. 金带板（M9：96-2）背面

5. 琉璃管饰（M9：96-7）

M9出土金带板，琉璃管饰

1. 带钩（M9：90）

3. 带钩（M9：91）

2. 带钩（M9：90）底部铭文"二两五朱"

4. 带钩（M9：91）拆分后背面

5. 箔饰（M9：88）

6. 箔饰（M9D1：10）

M9出土金带钩、箔饰

1. 璜（M9D1：7）

2. 环（M9：92）

3. 佩饰（M9D1：11）

4. 佩饰（M9：49）

5. 眼罩（M9：93、M9：94）

M9出土玉璜、环、佩饰、眼罩

2. M9：36耳部

1. M9：36

4. M9：37耳部

3. M9：37

M9出土釉陶鼎

1. 鼎（M9：38）

3. 盒（M9：39）

4. 盒（M9：45）

M9出土釉陶鼎、盒

1. 盒（M9：110）

2. 壶（M9：8）

3. 壶（M9：18）

4. 壶（M9：18）系耳

M9出土釉陶盒、壶

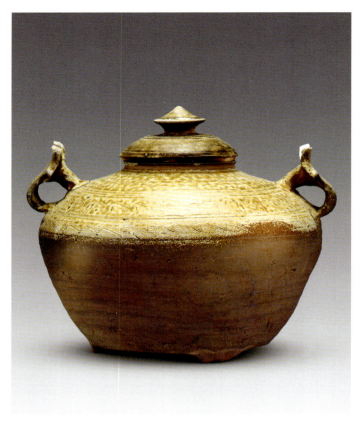

1. M9：21

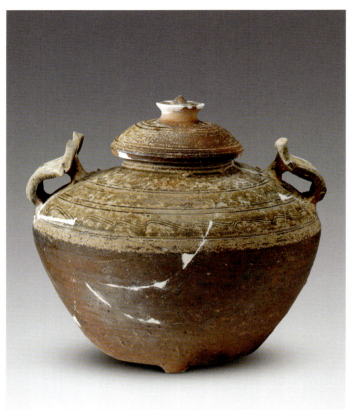

3. M9：11

2. M9：21耳部

4. M9：20

M9出土釉陶瓿

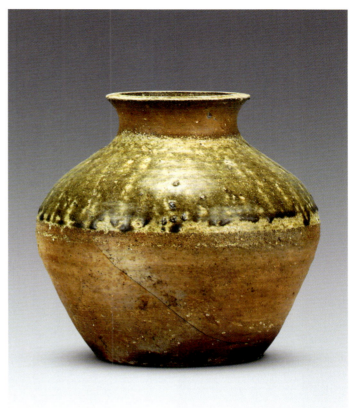

1. 瓿（M9：22）

2. 罐（M9：28）

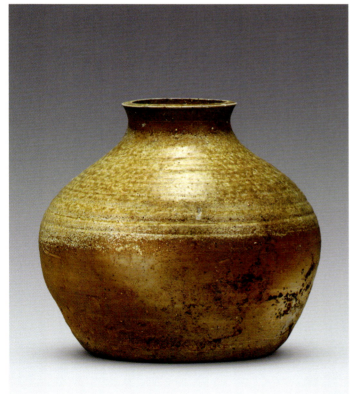

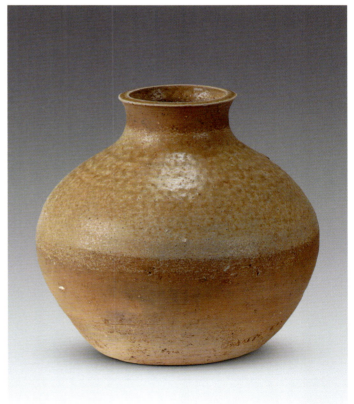

3. 罐（M9：15）

4. 罐（M9：25）

M9出土釉陶瓿、罐

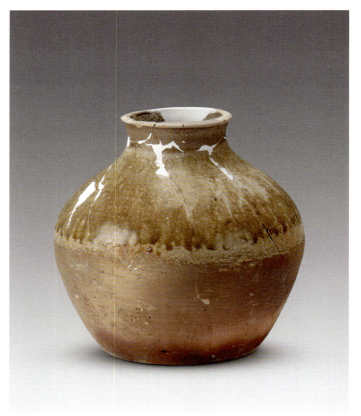

1. 罐（M9：26）

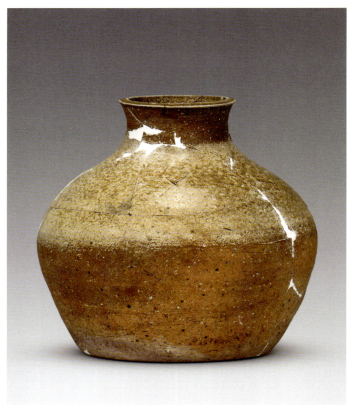

2. 罐（M9：58）

3. 罐（M9：42）

4. 瓮（M9：60）

M9出土釉陶罐、瓮

1. 瓮（M9：61）

2. 锺（M9：19）

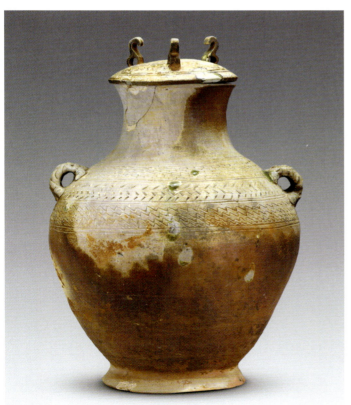

3. 锺（M9：24）

4. 锺（M9：24）系耳

M9出土釉陶瓮、锺

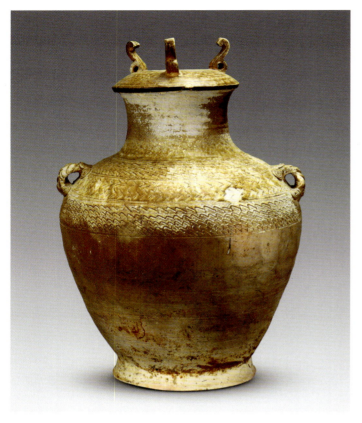

1. 锺（M9：23）

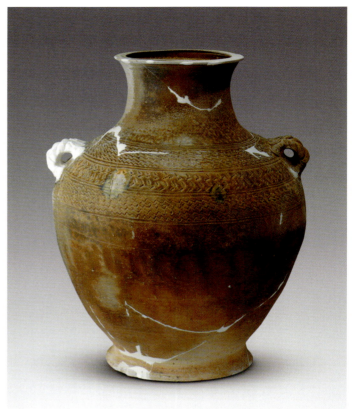

2. 锺（M9：31）

3. 钫（M9：16）

4. 钫（M9：16）铺首纹饰

M9出土釉陶锺、钫

1. 钫（M9：17）

2. 匜（M9：13）

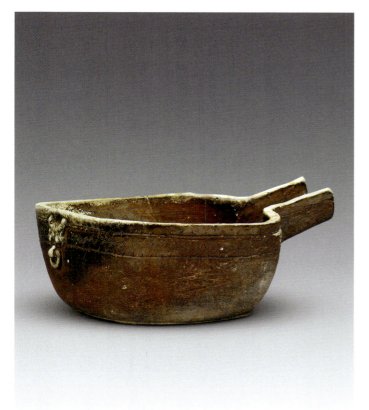

3. 匜（M9：14）

4. 匜（M9：14）铺首纹饰细部

M9出土釉陶钫、匜

1. 盆（M9∶1）

2. 盆、卮、勺组合（M9∶1~M9∶5、M9∶43）

M9出土釉陶盆、卮、勺

1. A型勺（M9：4）

2. A型勺（M9：5）

3. B型勺（M9：43）

4. 厄（M9：3）

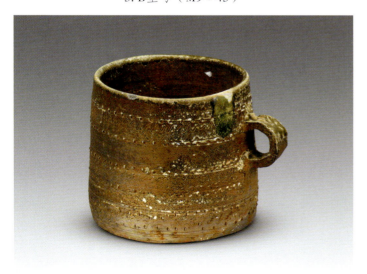

5. 厄（M9：2）

M9出土釉陶勺、厄

1. 熏

2. 熏盖细部

3. 熏盖俯视

M9出土釉陶熏（M9：6）

1. M9：27

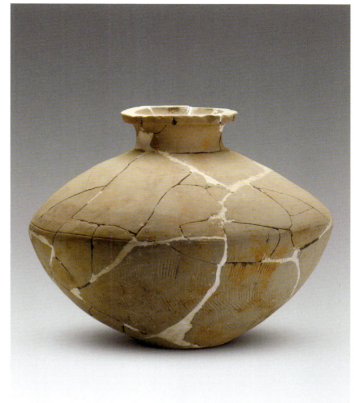

3. M9：9

2. M9：27刻划铭文

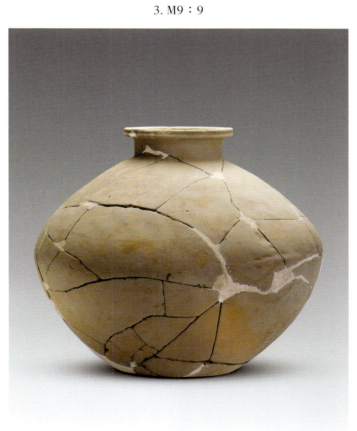

4. M9：10

M9出土A型灰陶罐

1. A型（M9：12）

2. B型（M9：7）

4. A型（M9：30）刻划铭文

3. A型（M9：30）

M9出土灰陶罐

1. B型灰陶罐（M9：29）

4. 陶饼金（M9：65）

2. C型灰陶罐（M9：56）

5. 陶饼金（M9：67）

3. C型灰陶罐（M9：56）刻铭"一斗一升"

6. 陶饼金（M9：69）

M9出土灰陶罐，陶饼金

M10封土下石块堆积遗迹与墓坑平面图（由北向南）

1. 发掘现场

2. 封土边界即为石块边界的剖面（由北向南）

M10发掘现场

1. 墓坑清理现场（由北向南）

2. 墓室清理后全景（由西向东）

M10墓坑、墓室

1. 一椁一棺四边箱的板灰遗迹（由西向东）

2. 椁室清理后全景（由西向东）

M10棺椁结构

1. 北边箱清理后全景（由东向西）

2. 北边箱东部出土漆笥与釉陶器

3. 北边箱西部出土漆器

4. 棺内出土玉器

M10随葬品出土场景

1. M10：48

2. M10：49

M10出土铜盘

1. M10：51

2. M10：52

3. 盆（M10：127）口沿铭文"淖"

M10出土铜盆

1. 壶（M10：107）

2. 壶（M10：107）

3. 瑟枘（M10：6）

4. 瑟枘（M10：6）俯视

M10出土铜壶、瑟枘

M10出土铜镜（M10：65-7）

1. M10：65-7

2. M10：66-1

M10出土铜镜细部（放大）

M10出土铜镜（M10：66-1）

1. A型铜刷（M10：65-8）

2. B型铜刷（M10：66-5～M10：66-7）

3. C型铜刷（M10：65-9）

4. 铜刷柄（M10：66-4）

5. 铜瑟轸钥（M10：75）

6. 铜卮持（M10：17）

7. 铁臿（M10D1：2）

8. 铁凿（M10D1：4）

M10出土铜刷、刷柄、瑟轸钥、卮持，铁臿、凿

1. 耳杯

2. 耳杯内底纹饰

M10出土Aa型漆耳杯（M10：117）

1. 耳杯内底纹饰细部（M10：118）

2. 耳杯（M10：123）

M10出土Aa型漆耳杯

1. 耳杯

2. 耳杯杯身外侧纹饰细部

3. 耳杯内底纹饰细部

4. 耳杯外底铭文放大

M10出土Ab型漆耳杯（M10∶120）

1. M10：124

2. M10：125

M10出土Ac型漆耳杯

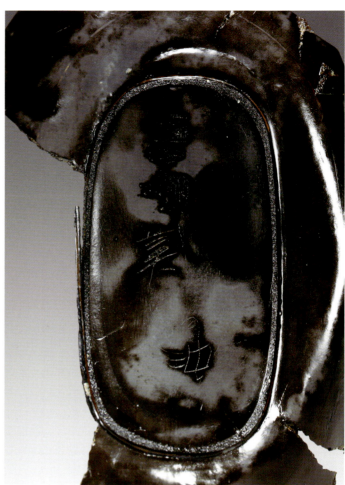

1. M10：83

2. M10：85

M10出土B型漆耳杯

1. B型耳杯（M10：84）

2. 盘口沿（M10：105）

M10出土漆耳杯、盘

M10出土D型漆耳杯（M10∶113）

1. 盘

2. 盘外底铭文 "淖氏"

M10出土B型漆盘（M10：54）

1. 盘

2. 盘外底

3. 盘内底纹饰细部

M10出土B型漆盘（M10：76）

1. 盘

2. 盘外底

3. 盘内底纹饰细部

M10出土B型漆盘（M10：77）

1. 马蹄形奁（M10：65-2）

2. 大长方形奁（M10：65-3）

3. 椭圆形奁（M10：65-5）

M10出土漆奁

1. M10：70

2. M10：70铭文放大

3. M10：13、M10：73、M10：74

4. M10：13、M10：73、M10：74铭文放大

M10出土玉璜

1. 玉珩（M10：69）

3. 玉觿（M10：15）

2. 玉环（M10：72）

4. 玉带钩（M10：71）

5. 石瑟轸（M10：2、M10：3、M10：18）

6. 玉器料（M10：68）

M10出土玉珩、环、觿、带钩、器料，石瑟轸

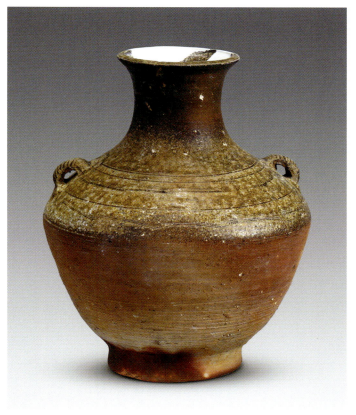

1. 壶（M10：35）

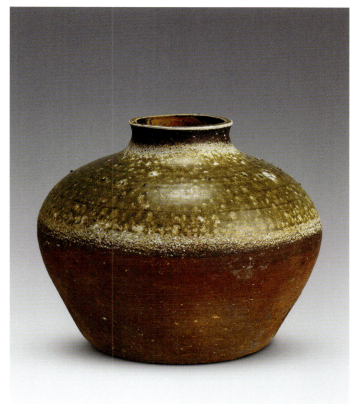

2. 罐（M10：31）

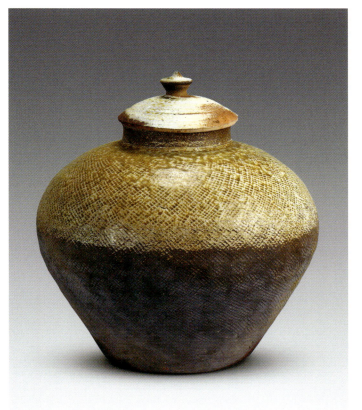

3. 罐（M10：32）

4. 罐（M10：33）

M10出土釉陶壶、罐

1. M10：40

2. M10：34

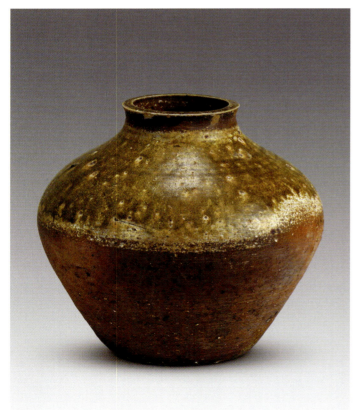

3. M10：38

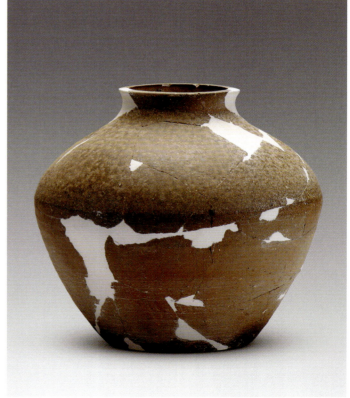

4. M10：42

M10出土釉陶罐

1. M10：36

2. M10：39

3. M10：41

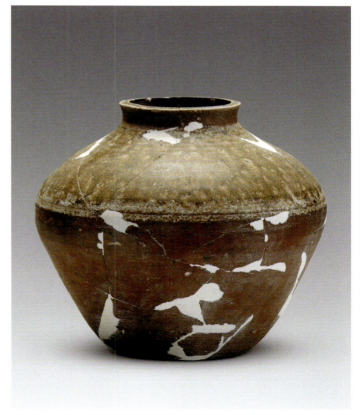

4. M10：43

M10出土釉陶罐

1. 釉陶罐（M10：44）

2. 灰陶罐（M10：60）

3. 灰陶罐（M10：57）

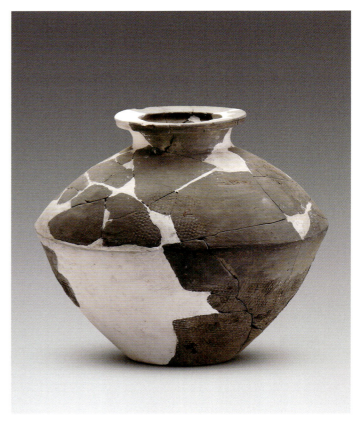

4. 灰陶罐（M10：64）

M10出土釉陶罐，灰陶罐

1. 灰陶罐（M10：58）

2. 灰陶罐（M10：59）

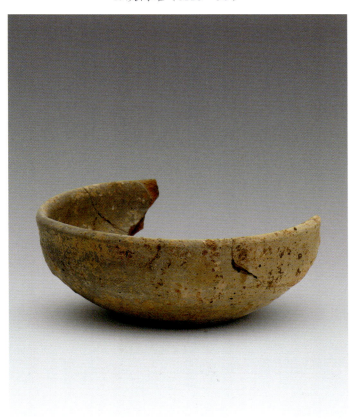

3. 灰陶钵（M10D1：5）

M10出土灰陶罐、钵

1. 墓坑开口全景（由东向西）

2. 填土内积石层清理后（由南向北）

M11墓坑开口及填土内积石层

1. 清理完成后（由南向北）

2. 墓坑内积石层与夯土叠压关系

M11墓坑及积石层与夯土叠压关系

1. 填土解剖（由西向东）

2. 填土内积石层清理后局部（墓坑东北角区域）

M11填土及填土内积石层

1. M12墓坑开口揭露现状（由东向西）

2. M11出土灰陶罐（M11：5）

M12墓坑开口，M11出土灰陶罐

1. 解剖墓坑填土发现的填土夯层结构

2. 填土解剖（由西向东）

M12墓坑填土

1. 木椁侧板板灰痕迹（由东向西）

2. 墓室清理后全景（由东向西）

M12木椁侧板与墓室

1. 椁室清理后全景（由西向东）

2. 北边箱内随葬品出土场景（由东向西）

M12椁室与北边箱

1. 铜印章

2. 棺室北部清理后

3. "长毋相忘"银带钩

4. 漆棺盖板外侧棺束

M12棺内随葬品出土场景，漆棺盖板外侧棺束

1. 盆

2. 铭文

3. 铭文

M12出土铜盆（M12：44）

1. 镜

2. 细部放大

M12出土铜镜（M12：26）

1. 镜

2. 细部放大

3. 细部放大

M12出土铜镜（M12：30-6）

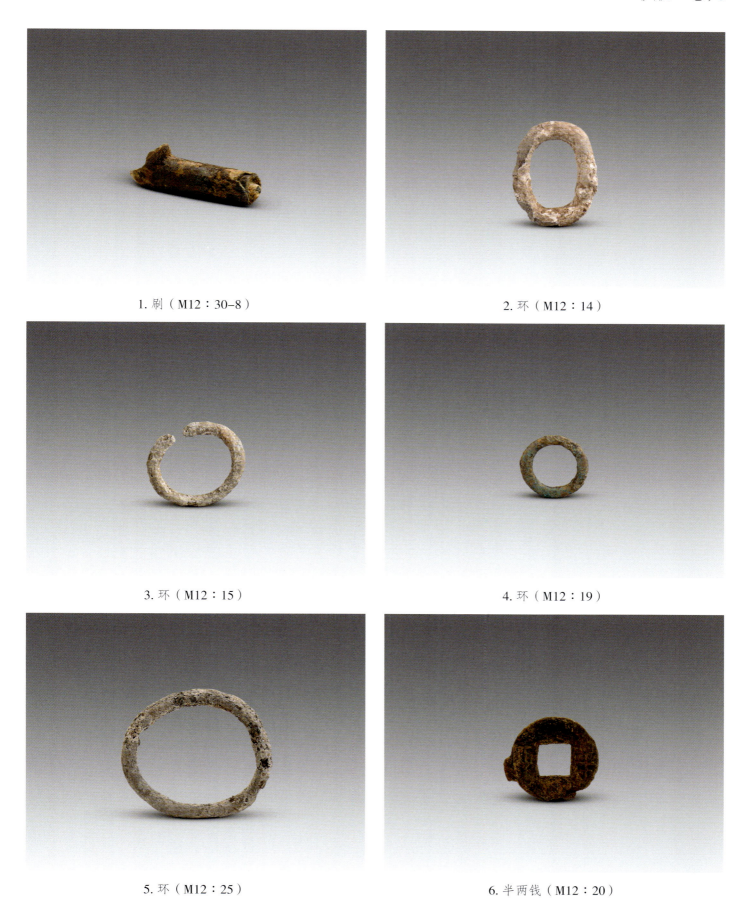

1. 刷（M12：30-8）

2. 环（M12：14）

3. 环（M12：15）

4. 环（M12：19）

5. 环（M12：25）

6. 半两钱（M12：20）

M12出土铜刷、环、半两钱

1. M12：31

2. M12：31印面

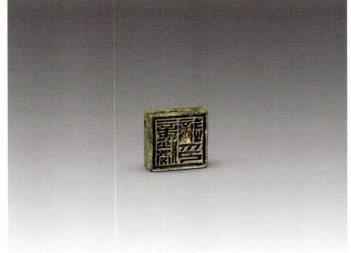

3. M12：32

4. M12：32印面

5. M12：33

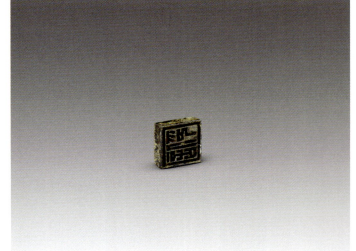

6. M12：33印面

M12出土铜印章

1. 银带钩（M12：36）

2. 银带钩（M12：36）

3. 银带钩（M12：36）

4. 琉璃饰（M12：30-11~M12：30-14）

M12出土银带钩，琉璃饰

M12出土A型漆耳杯（M12：77）

1. 耳杯

2. 铭文放大

M12出土A型漆耳杯（M12：76）

1. A型耳杯（M12：75）

2. B型耳杯（M12：78）

3. 残器（M12：24）

M12出土漆器

1. 内侧铭文"常幸"

2. 外侧铭文

M12出土漆耳杯（M12：18）铭文

1. 奁

2. 顶部纹饰

M12出土长方形漆奁（M12：48）

1. 鼎（M12：56）

2. 鼎（M12：59）

3. 盒（M12：61）

4. 盒（M12：67）

M12出土釉陶鼎、盒

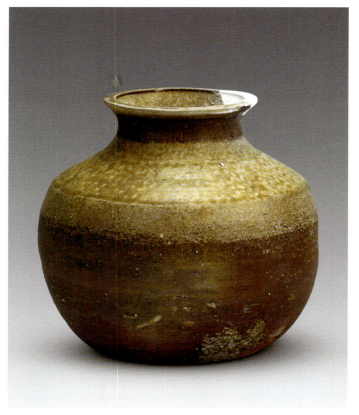

1. 罐（M12：54）

2. 钫（M12：38）

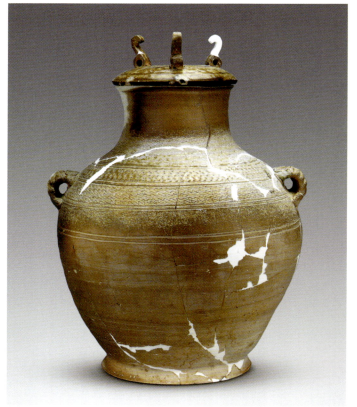

3. 钫（M12：41）

4. 锺（M12：39）

M12出土釉陶罐、钫、锺

1. 锺（M12：37）

2. 匜（M12：53）

3. 壶（M12：63）

4. 壶（M12：63）器盖

M12出土釉陶锺、匜、壶

1.壶（M12：55）

2.壶（M12：55）盖

3.盆、卮、勺组合

M12出土釉陶壶，盆、卮、勺组合

1. 盆（M12：42）

2. 盆（M12：43）

3. 卮（M12：66）

4. 卮（M12：51）

5. 勺（M12：60）

6. 勺（M12：65）

7. 勺（M12：64）

M12出土釉陶盆、卮、勺

1. 釉陶熏（M12：58）

2. 釉陶熏（M12：58）器盖俯视

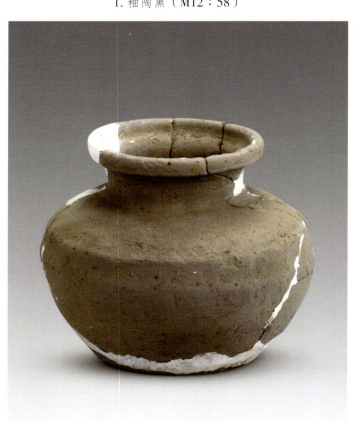

3. 灰陶罐（M12：57）

4. 灰陶钵（M12：62）

M12出土釉陶熏，灰陶罐、钵

1. M12：21

2. M12：52

3. M12：68

4. M12：69

M12出土灰陶钵

1. 封土下墓坑及石砌堆积（由东向西）

2. 方形墓域（由西向东）

M13封土下墓坑及石砌堆积，墓域

1. 木椁侧板板灰痕迹（由西向东）

2. 墓室清理后（棺盖尚未揭开）（由西向东）

M13木椁侧板与墓室

1. 漆棺棺盖揭开清理后（由西向东）

2. 清理后椁室全景（由西向东）

M13棺椁结构

1. 东边箱清理后陶器出土场景

2. 棺内漆奁

3. 漆棺盖面残存髹漆棺束

M13随葬品出土场景，漆棺棺束

1. 漆盘（M13：27）

2. 漆盘（M13：14）

3. 东边箱漆案、耳杯

4. 漆盘

5. 漆盘

M13漆器出土场景

1. 镜

2. 细部放大

3. 细部放大

M13出土铜镜（M13：1—6）

1. 镜

2. 细部放大

3. 细部放大

M13出土铜镜（M13：1-7）

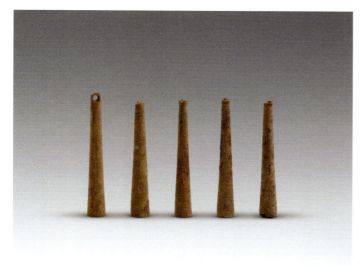

1. A型刷（M13：1-10~M13：1-14）

3. B型刷（M13：1-8）

5. 刷柄（M13：1-9）

2. B型刷（M13：1-16）

4. C型刷（M13：1-15）

6. 半两钱（M13：4）

7. 半两钱（M13：54）

M13出土铜刷、刷柄、半两钱

M13出土A型漆盘（M13：16）

M13出土小圆形漆奁（M13：1-3）

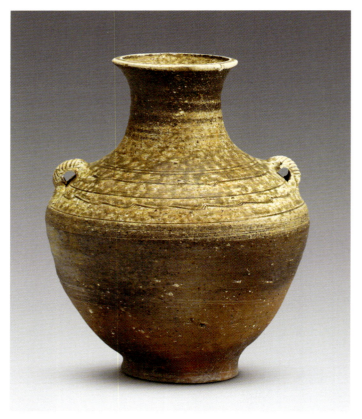

1. 壶（M13：26）

2. 壶（M13：49）

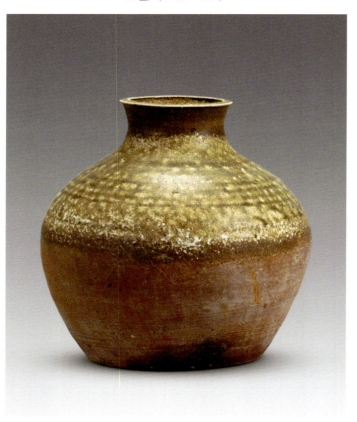

3. 罐（M13：22）

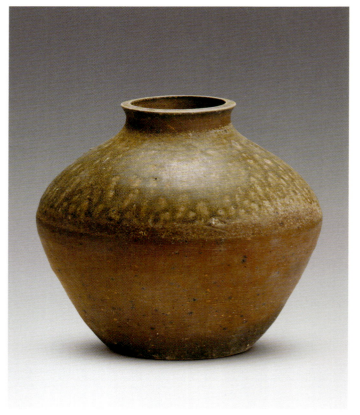

4. 罐（M13：23）

M13出土釉陶壶、罐

1. M13：24

2. M13：30

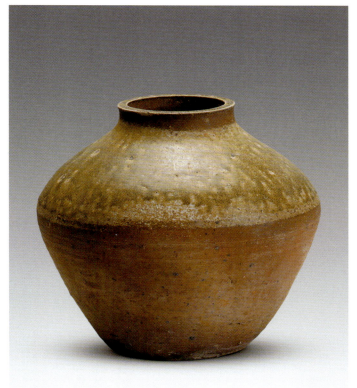

3. M13：31

4. M13：34

M13出土釉陶罐

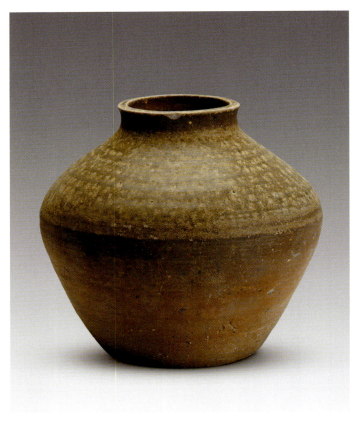

1. M13：33

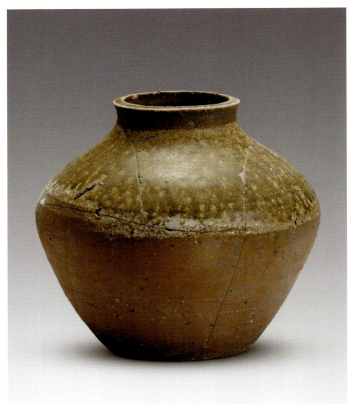

2. M13：40

3. M13：42

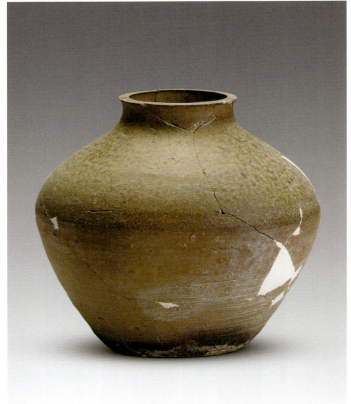

4. M13：43

M13出土釉陶罐

1. 釉陶罐（M13：32）

2. 灰陶鼎（M13：50）

3. 灰陶鼎（M13：36）

4. 灰陶盒（M13：35）

M13出土釉陶罐，灰陶鼎、盒

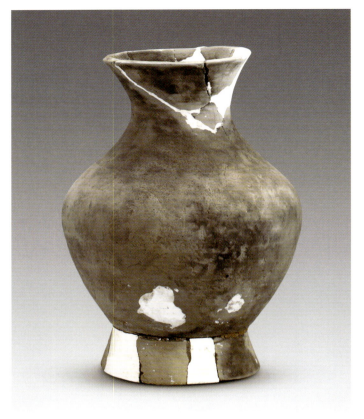

1. 壶（M13：21）

3. 罐（M13：41）

2. 罐（M13：46）

4. 罐（M13：44）

M13出土灰陶壶、罐

1. 罐（M13：45）

2. 罐（M13：47）

3. 勺（M13：37）

4. 勺（M13：57）

M13出土灰陶罐、勺

1.墓坑开口（由东向西）

2.木椁侧板板灰痕迹（由南向北）

M14墓坑开口与木椁侧板板灰痕迹

1. 墓室清理后全景（由西向东）

2. 椁室内出土漆盘

3. 边箱内出土陶器

M14墓室与随葬品出土场景

1. 镜

2. 细部

3. 细部

M14出土铜镜（M14：2-8）

2. 铜瑟轸钥（M14：2-9）

1. 铜瑟轸钥（M14：2-9）　　　3. A型铜刷（M14：2-12）　　　4. B型铜刷（M14：2-11）

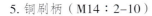

5. 铜刷柄（M14：2-10）　　　　　　　6. 玉饰件碎片（M14：19）

M14出土铜瑟轸钥、刷、刷柄，玉饰件

1. 壶（M14：10）

2. 壶（M14：12）

3. 瓿（M14：9）

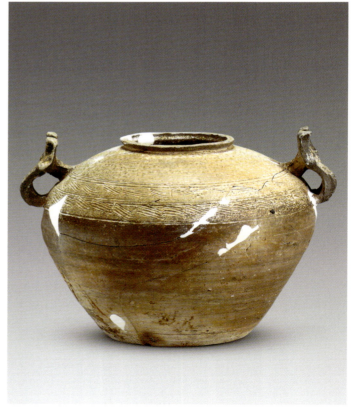

4. 瓿（M14：11）

M14出土釉陶壶、瓿

1. A型（M14：16）

2. B型（M14：17）

3. B型（M14：6）

4. C型（M14：7）

M14出土灰陶罐

1. C型罐（M14：8）

2. C型罐（M14：15）

3. 钵（M14：3）

4. 钵（M14：4）

5. 钵（M14：20）

6. 钵（M14：21）

M14出土灰陶罐、钵

1. 墓坑填土上层残存积石层清理后（由西向东）

2. 墓室清理后（由西向东）

M15墓坑填土积石层与墓室

1. 墓坑内残存灰陶罐残片

2. 墓坑因盗扰后仅存的灰陶罐

M15墓坑内残存灰陶罐出土场景

1. 由北向南

2. 由西向东

K8清理后现状

K8漆车轮清理后现状

1. 铜马衔（K8∶6）

2. 釉陶盆（K8∶3）

3. 釉陶罐（K8∶5）

K8出土铜马衔，釉陶盆、罐

K8出土釉陶釜、甑组合（K8：1、K8：2）

1. 釜（K8：2）

2. 甑（K8：1）

K8出土釉陶釜、甑

1. 清理时二分之一解剖填土揭露后场景（由东向西）

2. 底部清理时工作场景（由东向西）

K9发掘现场

Excavation Report on the Attendant Tombs of Jiangdu King of the Western Han Period at Dayunshan

(Abstract)

From 2009 to 2012, due to the serious tomb theft on the top of Mount Dayun, Maba Town, Xuyi County, Jiangsu Province, with the approval of the National Cultural Heritage Administration, Nanjing Museum and the Museum of Xuyi County formed a joint archaeological team to carry out the exploration and rescue excavation of the tombs within the top area of Mount Dayun, revealing a well-preserved cemetery of Jiangdu King of the Western Han Dynasty, and with more than 10,000 pieces (sets) of exquisite cultural relics made of pottery, bronze, gold and silver, jade and lacquer unearthed.

The central and northern parts of the cemetery have been confirmed as the area of attendant tombs, with a total of 11 tombs excavated. Up to now, there have been relatively more materials and research on the tombs of the Western Han feudatory kings, while the materials and research on the attendant tombs of feudatory kings were relatively less, especially when the tomb owner can be clearly identified as a certain feudatory king's concubine. The owners of the attendant tombs in the cemetery of Jiangdu King excavated this time were all concubines of the first generation of Jiangdu King, Liu Fei. The excavation of these tombs can provide important basic materials for the study of the attendant tombs of feudatory kings, and further promote the in-depth study of the attendant burial system of feudatory kings in the Han Dynasty.

This book is available for experts and scholars in history, archaeology and other archeouoto research fields as well as teachers and students in related majors of colleges and universities to make reference to and study.